BIBLIOTHÈQUE

MORALE ET LITTÉRAIRE

(IN-8° 1re SÉRIE)

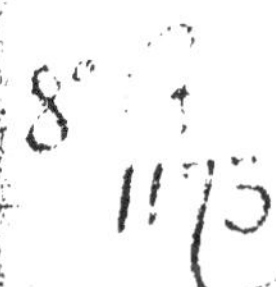

D'EUROPE EN AFRIQUE

D'EUROPE

EN AFRIQUE

SOUVENIRS D'UN OISEAU

Par A. DUBOIS

Lauréat de la société protectrice des animaux

Officier d'académie

LIMOGES

MARC BARBOU ET CIE, IMPRIMEURS-LIBRAIRES

Rue Puy-Vieille-Monnaie

1882

D'EUROPE EN AFRIQUE

I

Pourquoi j'écris mes mémoires

Vous ne sauriez trouver extraordinaire qu'une hirondelle parle le langage des humains : Que n'a-t-on pas dit sur l'esprit des bêtes !...

De tout temps, les animaux ont su donner aux hommes des leçons de morale et de philosophie.

Les animaux ont le mérite de pouvoir s'exprimer librement, avec sincérité et simplicité. Les esprits les plus exigeants acceptent leurs naïvetés et rendent hommage à leur bonne foi.

Si, avec Esope et Phèdre, ils ont mécontenté certains grands personnages, ils ont acquis, avec La Fontaine, le droit de tout dire : Leurs enseignements persuadent les plus incrédules et assouplissent les plus orgueilleux.

Quel homme aurait pu dire avec autant d'éloquence que les animaux les abus que les puissants font de leur force ?... Quel poète aurait pu peindre avec autant de grâce que le pigeon les dangers de la séparation et les maux de l'absence ?... Quel écrivain aurait su flétrir l'égoïsme avec autant d'énergie que l'alouette ?...

Qui, parmi les hommes, a oublié la prudence du vieux rat, le sot orgueil du corbeau, les ruses du renard, la poltronnerie du lièvre, l'ingratitude du serpent, la duplicité du chat...

De nos jours, le moineau lui-même a voulu faire parler de lui : Pierrot a écrit des mémoires !... Mais Pierrot n'est qu'un citadin, ennemi des grands bois et des vastes campagnes, qui s'attache à l'homme malgré lui, et qui n'a pu raconter autre chose que les commérages de la ville et les cancans de ses congénères des jardins publics. Je sais bien que, par ses finesses, ses ruses, sa persévérante opiniâtreté, notre ennemi, le moineau, a pu pénétrer bien des mystères et divulguer bien des secrets. Le jardin du Luxembourg, les Tuileries, le bois de Boulogne, le jardin d'Acclimatation ont fait tour à tour l'objet de ses explorations. Cependant, Pierrot n'a pas tout dit, et moi, pauvre vieille hirondelle, je veux simplement vous raconter l'histoire de ma famille et vous faire assister à mes pérégrinations à travers le monde.

II

Mon Berceau

Le vieux château. — L'hirondelle rustique. — Le nid. — Le hangar. — Un ennemi. — Un ami. Grand danger. — Un sauveur.

Le voyageur qui va de Chauvigny à Châtellerault, en suivant la belle route tracée sur la rive droite de la Vienne, aperçoit sur la rive gauche, à environ six kilomètres de la première de ces localités, un vieux clocher couvert d'ardoises, dont la pointe se montre à travers le feuillage des grands peupliers.

Un peu plus loin, toujours sur la rive gau--che, adossé à un coteau dominant la rivière, se dresse un vieux manoir dont le donjon et les hautes tours sont constamment entourés, pendant la belle saison, de vols nombreux d'hirondelles et de martinets.

Le clocher marque le centre d'un bourg tranquille, caché entre des collines boisées et les rives verdoyantes de la Vienne. Là, c'est encore la vraie campagne, où l'écho n'a jamais répété les notes stridentes du sifflet d'une locomotive.

C'est entre le clocher et les tours du château, dans cet espace restreint de moins de deux kilomètres, que s'est écoulée la première partie de mon existence, période heureuse de ma vie où les insectes, l'air pur, l'eau limpide, les promenades à l'abri de l'aile maternelle, les assauts de vitesse avec mes sœurs, suffisaient à mon ambition.

J'appartiens à l'espèce dite *hirondelle de cheminée, hirondelle domestique ;* bien qu'on nous appelle aussi *hirondelles de ville*, nous nous plaisons davantage à la campagne, et la dénomination d'*hirondelles rustiques* est peut-être celle qui nous convient le mieux.

Mes parents avaient établi leur nid sous un hangar, appuyé contre une maison de modeste apparence, proprette et confortable, dont les habitants, bons et humains, étaient de ceux qui croient que notre présence porte bonheur : Après mon père et ma mère, ce furent ces braves gens qui me prodiguèrent les premières caresses.

Notre nid, que tout le monde connaît, diffère de celui des autres espèces d'hirondelles : Il est fait d'une maçonnerie composée de petites bouchées de vase ou de terre grasse ; ces moellons minuscules sont enduits de notre salive et agglutinés les uns aux autres.

Des poils, des tiges d'herbe, de fines racines, des brins de paille enchevêtrés contribuent à en consolider les parois ; mais, c'est surtout notre salive qui cimente les éléments dont il est composé.

Lorsque le temps est beau, lorsque la sécheresse n'est pas trop grande, huit jours suffisent pour achever notre travail, qui ne devient parfait que lorsque l'intérieur a été tapissé de tiges fines, de poils, de plumes et d'autres matériaux formant un matelas élastique sur lequel les œufs et les petits reposent chaudement et mollement.

Nous plaçons indifféremment nos petites demeures dans l'intérieur des maisons, sous les corniches, dans les écuries, les greniers, les chambres inhabitées, les cheminées où l'on ne fait pas de feu, l'embrasure des fenêtres, et toujours dans une position telle que, bien couvertes par le haut, elles se trouvent à l'abri de la pluie et du vent.

Elles affectent la forme d'une moitié de coupe ou d'un quart de sphère; mais nous savons, au besoin, en modifier la structure, suivant l'endroit où elles sont construites.

Le nid dans lequel je suis née était accolé contre la solive principale du hangar, à l'exposition du soleil levant; il avait environ vingt-deux centimètres de diamètre et onze centimètres de profondeur; mes quatre sœurs et moi nous y étions à l'aise, et il restait assez de place pour que nos parents vinssent nous réchauffer de leurs plumes pour nous préserver du froid de la nuit.

J'étais la plus forte de la nichée, peut-être aussi la plus turbulente, et je n'avais pas plus de huit jours quand, me faisant un piédestal de mes sœurs, malgré leurs plaintes, je me hasardai à plonger mes regards au-dessous du nid.

Je fus promptement familiarisée avec les objets qui encombraient le hangar : Des harnais suspendus à des piquets enfoncés dans la muraille, une cuve pour la lessive, quelques futailles vides, des instruments de jardinage, une charrue légère, une petite charrette qui servait pendant la semaine à transporter les récoltes ; et, les jours de marché, quelquefois le dimanche, à conduire le maître, la maîtresse ou quelques-uns des enfants à la ville voisine.

Mais ce n'est pas tout : Dans un coin du hangar se trouvait un tas de bois sur lequel était souvent étendu un animal étrange, dont les yeux brillants se portaient vers notre nid avec une expression des plus singulière. Malgré mon inexpérience, je devinai un ennemi, et mes parents m'apprirent, en effet, que cet animal était un chat, dont un seul coup de griffes suffirait pour me mettre à mort. Nous

promîmes, mes sœurs et moi, d'être pruden-
tes, et de ne pas nous exposer à la dent du
monstre qui faisait le gros dos, et qui, sans
nous perdre du regard, affectait de prendre
les attitudes les plus innocentes.

De temps en temps, l'un des fils de la maison, gros garçon de dix-huit ans, à la physionomie douce et intelligente, amenait sous le
hangar un petit cheval qu'il étrillait, brossait,
et attelait à la charrette, après l'avoir recouvert des harnais dont il avait le plus grand
soin.

Chacune de ces visites était marquée par un
supplément de nourriture : Nous ne manquions
jamais de saluer par de petits cris l'arrivée
de notre jeune ami, qui s'empressait de nous
faire la distribution des mouches dont il s'était
pourvu, et que nous acceptions de sa main
sans la moindre hésitation.

Du reste, notre table était abondamment
servie : Mouches, moucherons, papillons, petits
coléoptères nous étaient apportés à chaque
minute par nos parents, et ce régime activa
notre croissance, qui fut très rapide.

Un matin, nous avions alors quinze jours,
et de longs duvets sortaient au travers de

nos plumes, je folâtrais au bord du nid avec une de mes sœurs : Nos gazouillements et nos ébats avaient attiré l'attention du chat, qui, sans en avoir l'air, nous regardait sournoisement en dessous, sans cesser de lisser sa fourrure au moyen de sa langue rugueuse.

Tout à coup un mouvement plus brusque nous fit perdre l'équilibre, et nos ailes, encore trop faibles, ne purent que ralentir notre chute.

Prompt comme l'éclair, le chat fut sur nous d'un bond !...

Mais au lieu des griffes aiguës dont il me semblait déjà recevoir les atteintes, je sentis une main qui me pressait doucement et qui bientôt me déposa dans le nid, en même temps que ma sœur, comme moi plus morte que vive.

C'était notre jeune ami qu'une circonstance heureuse avait amené sous le hangar, d'où il s'empressa de chasser le chat désappointé.

De loin, notre mère avait été témoin de notre chute : Elle arriva à tire-d'aile et nous renouvela ses recommandations, que nous avions un instant oubliées. Son inquiétude et ses cris d'angoisse nous impressionnèrent plus encore que le danger que nous avions couru.

III

Première éducation — Premiers dangers

Dette de reconnaissance. — Soins maternels. — Hors du nid. — Le premier vol. — L'hirondelle matinale. — Dans l'espace. — Joyeux ébats. — Peines et joies. — Perdue! — La crécerelle.

Avant de poursuivre, je dois encore un sou-venir de reconnaissance à mes bons parents, pour tous les soins dont ils ont entouré ma fai-blesse.

Lorsque nous étions privées de plumes, notre mère restait doucement étendue sur le nid ; c'est à peine si de temps en temps elle nous quittait pour chercher sa nourriture et la nôtre ; elle nous nettoyait avec son bec et rejetait nos excréments hors du nid ; notre père l'aidait dans tous ces travaux. Ils savaient, suivant notre âge, varier la qualité et la quan-tité de nos aliments, dont ils ne nous accor-daient jamais, malgré nos cris et nos caresses, au-delà de ce qui était nécessaire.

Lorsque les plumes qui succèdent au duvet eurent acquis assez de grandeur pour nous conserver pendant longtemps notre propre chaleur, ils ne nous abritèrent plus que pendant la nuit, et seulement quelquefois pendant le jour.

Mais bientôt ce fut parmi nous un grand émoi !... Les grandes plumes de nos ailes avaient acquis assez d'étendue pour qu'il fût possible de les essayer : Nos parents nous invitèrent à quitter le nid; et, pour forcer les récalcitrantes, ils cessèrent de nous apporter la nourriture qu'ils nous présentaient à quelque distance, pour nous obliger à venir la chercher.

Cet exercice avait commencé avec l'aurore, et nos excellents hôtes, qui s'en étaient aperçus, avaient heureusement éloigné le chat.

Toute la famille était pleine d'agitation et de sollicitude : Nos cris répétés indiquaient nos besoins pressants et exprimaient encore mieux la défiance que nous avions de nos forces pour un essai que nous n'avions pas encore fait.

Nos parents, partagés entre la tendresse qui les poussait vers nous et la nécessité qui les en tenait éloignés, manifestaient par leurs mouvements la force de ce double sentiment : Ils s'approchaient, s'éloignaient, nous invitaient et nous encourageaient.

Le besoin qui nous pressait et nous commandait nous détermina enfin ; nous étions sur le bord du nid ; notre premier essor nous porta sur une des roues de la petite charrette ; puis, nous élançant vers nos parents qui s'éloignaient, nous nous trouvâmes bientôt réunies sur le faîte de la maison voisine.

Ce premier essai tenté, cette première sortie exécutée, nous communiquèrent la confiance qui nous était indispensable ; et, guidées par notre père et notre mère, nous pûmes, vers le soir, regagner notre nid sans trop de difficulté.

Les courses proportionnées à nos forces et à notre expérience s'étendaient de jour en jour, et le temps approchait où nous pourrions nous pourvoir nous-mêmes.

Tous ceux qui ont vécu à la campagne savent que notre chant, gai et joyeux, est, chaque matin, le premier à se faire entendre : A peine la ligne grise qui marque l'approche du jour commence-t-elle à se dessiner à l'Orient, que

nous commençons à nous réveiller de notre
sommeil, quand tous les oiseaux sont encore
endormis. Partout règne le silence, les objets
se distinguent à peincà la lueur douteuse de
l'aube matinale, que nous avons déjà répété
notre chanson et quitté notre retraite.

Ce n'est qu'un peu plus tard que les autres
oiseaux s'agitent à leur tour : Du haut du toit,
le rossignol de muraille se fait entendre ; les
moineaux babillent, les pigeons roucoulent ;
et, dans le lointain, le merle fait éclater sa fan-
fare.

De toutes les hirondelles, nous sommes les
plus vives et les plus rapides : Il fallait nous
voir, chaque matin, nous élançant dans l'air
pur, saluer de nos cris de joie la flèche de
l'église, faire, en passant, une petite pause
sur le coq du clocher ; puis, glissant en quelque sorte dans l'espace, chasser au-dessus
des herbes humides de la grande prairie tout
imprégnée de senteurs pénétrantes.

Tantôt planant, tantôt agitant vivement nos
ailes, nous savions nous détourner avec la
promptitude de l'éclair, monter, descendre,
raser le sol, franchir le rideau de peupliers,
glisser à la surface de l'eau, nous y plonger

sans interrompre notre vol, secouer nos plumes humides sur la tête du pêcheur silencieux,
dont la barque suivait doucement le cours de
la rivière sous l'ombre épaisse des aulnes et
des saules.

Du château à l'église, de l'église au château,
c'était, du matin au soir, un va-et-vient continuel, accompagné de gazouillements joyeux,
indices certains que les soucis n'avaient pas
encore effleuré notre existence.

Notre activité à chasser et à détruire les
insectes nuisibles à l'agriculture semblait cor-
respondre à celle de ces honnêtes cultivateurs
que notre famille a, depuis des siècles, appris
à connaître et à aimer.

Nous avons assisté à leurs peines et à leurs
joies : Nous les avons vu ouvrir le sillon qu'ils
arrosaient de leurs sueurs, faucher l'herbe
odorante destinée à la nourriture du bétail,
moissonner l'épi doré, ou presser dans les
cuves le raisin vermeil.

Nous avons entendu les cloches de la vieille
église carillonner gaiement le baptême du
nouveau né, ou le mariage des jeunes époux ;
et nous nous sommes associées à leur deuil
quand le glas funèbre nous disait qu'un de ces

braves cœurs allait là-bas, sous les grands noyers, dormir du sommeil éternel !...

La vie des hirondelles, comme celle des hommes, est semée de plaisirs et de douleurs, d'espérances et de regrets ; chez nous, comme chez eux, la mort moissonne et éclaircit les rangs.

Il y avait à peine deux mois que, confiantes dans la puissance de nos ailes, nous avions abandonné nos parents, lorsqu'un malheur irréparable vint nous frapper.

L'histoire du chat était depuis longtemps oubliée ; et puis, qui donc oserait nous poursuivre dans les hauteurs du ciel ? Nous en étions encore à ignorer, nous qui, chaque jour, immolions des milliers de victimes, que l'air, comme la terre et comme l'eau, a ses tyrans, et que, partout et toujours, il faut soutenir la lutte pour l'existence. Aucune race n'est exempte de cette nécessité fatale, et le Roi de la création est peut-être celui qui y échappe le moins.

Un jour, nous étions à folâtrer au pied des murailles du château, nous glissions, en poussant de petits cris, entre les branches échevelées des grands saules pleureurs, lorsqu'un oiseau de proie s'élança du sommet d'une des tours et fondit sur nous. Nous n'avions pas eu le temps de nous rendre compte de cette attaque que déjà l'une de nos sœurs était capturée.

L'ennemi qui l'emportait dans ses griffes jaunes, pourvues d'ongles noirs, avait la tête cendrée et le dessus du corps d'un roux véneux parsemé de taches noirâtres ; le plumage inférieur était roussâtre et portait des mouchetures noires : C'était une *crécerelle.*

Dès que le premier moment de surprise fut passé, nous nous élançâmes à la poursuite de l'oiseau ; nous le harcelâmes de nos cris et de nos coups de bec ; il y perdit quelques plumes, mais il ne lâcha pas sa proie. Que pouvait tout notre courage contre son puissant bec crochu et ses griffes formidables !

Il alla s'appuyer au sommet d'une tour, et, sans se préoccuper de notre concert de malédictions, il enleva à notre pauvre sœur toutes ses plumes, et la dévora toute palpitante.

J'appris, dans la suite, que la crécerelle fréquente souvent les tours des vieux châteaux et qu'elle est extrêmement dangereuse pour les petits oiseaux.

Elle enlève quelquefois des perdrix et des

pigeons ; mais les mulots et les souris cons-
tituent, avec les insectes, le fond de sa nourriture.

Lorsqu'elle a découvert une proie, elle s'é-
lance comme un trait et l'atteint généralement
du premier assaut ; si le gibier échappe, elle
le poursuit avec une telle vitesse et tant d'a-
charnement qu'elle se précipite souvent, sans
le prévoir, dans les plus grands dangers.

Je fus un jour témoin d'une de ces attaques
où l'agresseur devint la victime.

C'était peu de temps après la scène du château : Ce malheur nous avait rendu circons-
pectes ; nous nous éloignions prudemment
de tout ce qui nous semblait suspect.

J'ai dit que nous nous réunissions fréquemment autour de la vieille église, dont les fenêtres étaient souvent ouvertes : L'un de nos
amusements favoris était d'entrer par une
fenêtre et de sortir par l'autre. Quelquefois
nous chassions, dans le temple, les insectes
qui s'y réfugiaient. Nous nous savions là en
sécurité, et ni la lumière des cierges, ni le
chant des fidèles, ni la voix de l'orgue ne nous
effrayaient.

Cependant, une crécerelle qui planait à

une grande hauteur nous avait aperçues dans le cimetière ; elle se précipita en poussant un cri de combat ; elle avait mal calculé son élan et manqua celle de nous qu'elle visait ; d'abord déconcertée, elle se remit à notre poursuite et entra avec nous dans l'église où elle ne tarda pas à être prise.

Je ne sais ce qu'elle devint, mais je fis des vœux, pour que sa fin fût moins cruelle que celle qu'elle avait fait subir à notre sœur.

IV

Hirondelles de fenêtres et Hirondelles de rivage

La patrie. — Qui donc es-tu ?... — Habitudes des hirondelles rustiques ; leur nourriture. — Les hirondelles de fenêtres ; leurs mœurs ; leurs nids. — Domiciles expropriés. — L'hirondelle de rivage ; ses mœurs.

C'est du premier au quinze avril que les hirondelles, de l'espèce à laquelle j'appartiens, arrivent en France, quelques jours plus tôt ou quelques jours plus tard, suivant la position du pays ou les circonstances atmosphériques.

Nous retournons aussitôt à la maison que nous avons choisie pour retraite et nous y arrivons constamment chaque année, rapportant de là-bas, bien loin, au printemps, le petit cordon de soie que des mains amies nous avaient attaché au pied, à l'automne précédent.

Nous réparons immédiatement les anciens nids, pendant que les jeunes couples en construisent de nouveaux.

A ce moment, commence pour nous la vie d'été, toute de joies et de soucis.

Les poètes, qui ont prétendu que notre chant exhalait les regrets et les plaintes de l'exilé, ont exprimé une idée fausse : L'Europe est notre vraie patrie ; et nous ne la laissons que contraintes et forcées, lorsque les insectes nous font défaut.

Aucune de nous ne chante, aucune n'aime, aucune n'élève ses petits dans les autres parties du monde, qui, cependant, ont aussi leurs hirondelles avec lesquelles nous ferons bientôt connaissance.

Oserai-je répéter, après un de vos naturalistes, que l'hirondelle rustique, par ses facultés physiques et intellectuelles, est très haut placée dans l'estime de chacun, qu'elle est agile, hardie, gaie, active, toujours propre, toujours élégante, qu'une série de mauvais jours et la faim peuvent seuls interrompre le cours de sa bonne humeur, et que, malgré un naturel faible et délicat, elle fait souvent preuve d'une grande énergie quand elle vole, quand elle joue avec ses compagnes, quand elle poursuit avec ardeur les rapaces et les carnassiers.

« Nous voyons bien son vol, dit un de vos grands historiens, qui fut aussi un grand poète, mais jamais, presque jamais sa petite face noire. Qui donc es-tu, toi qui te dérobes toujours, qui ne me laisses voir que tes tranchantes ailes, faux rapides comme celles du temps ? Lui, il s'en va sans cesse ; toi, tu reviens toujours. Tu m'approches, tu m'en veux, ce semble, tu me rases, voudrais-tu me toucher ?... Tu me caresses de si près, que j'ai au visage le vent, et presque le coup de ton aile.... Est-ce un oiseau ? est-ce un esprit ?... Ah ! si tu es une âme, dis-le-moi franchement, et dis-moi cet obstacle qui sépare le vivant des morts. Nous le serons demain ; nous sera-t-il donné de venir à tire-d'ailes revoir ce cher foyer de travail et d'amour ? de dire un mot encore, en langue d'hirondelle, à ceux qui, même alors, garderont notre cœur ? »

Qui je suis?... Qui nous sommes ?...

Nous sommes les oiseaux du retour, les oiseaux de la jeunesse et du printemps, les oiseaux du foyer, en même temps que les oiseaux de la gaîté, de l'espace et de la liberté !...

« Ah ! de la jeunesse, oui de la jeunesse
» S'exhale toujours un chant d'allégresse.
» Quand je m'en allai, quand je m'en allai,
» Oh ! que la maison parut esseulée !
» Quand je retournai, quand je retournai,
» Las ! vide elle était, vide et désolée ! »

Donc, dès le retour, c'est une période de travail qui s'impose à notre sollicitude ; il faut préparer le nid de la famille, la maison des chers enfants, et nous avons dit ailleurs comment cette habitation est construite.

Nous choisissons de préférence, pour nous reposer, les endroits saillants que nous pouvons aborder facilement et d'où il nous est facile de prendre notre essor.

C'est là que nous nous chauffons au soleil,

que nous lissons notre plumage et que nous faisons entendre notre chanson.

Le corps horizontal, nous tournons fréquemment la poitrine de côté et d'autre, nous battons des ailes, nous étendons nos membres, et nous lançons dans les airs nos notes joyeuses.

Indépendamment du chant de la gaîté, des caquetages joyeux, des gazouillements légers, nous avons un cri d'appel, un cri d'avertissement ou de combat; nous savons exprimer la perplexité, le danger imminent, l'angoisse cruelle ; et notre voix siffle et tremble quand nous sommes en danger de mort.

Nous ne nous posons pas volontiers sur le sol ; et l'on ne nous y voit que lorsque l'impérieux besoin nous oblige à butiner les matériaux qui servent à la construction de notre nid. Lorsque nous marchons, nous paraissons si maladroites qu'on a peine à reconnaître en nous l'oiseau qui traverse l'espace avec la rapidité d'une flèche.

De tous nos sens, la vue est le premier : Il ne nous est pas difficile d'apercevoir une fourmi ailée à plusieurs centaines de mètres de distance.

Nous savons nous conformer aux circonstances, distinguer le bien du mal, reconnaître nos amis et nos ennemis. Non seulement
nous vivons en bonne intelligence avec tous
les êtres qui ne veulent pas nous nuire, mais
nous cherchons à rendre service aux animaux
sans défense.

Nous purgeons la terre d'une quantité d'insectes nuisibles ; nous ne chassons qu'en volant,
et il nous est difficile de saisir une proie au
repos ; aussi, quand après de longues pluies
et des journées froides, les insectes rentrent
dans leurs cachettes, avons-nous à souffrir de
la faim.

On nous voit alors voler auprès des murailles ou des branches d'arbres, auprès des fenêtres et du toit des habitations, cherchant à
effrayer notre gibier pour le décider à partir.

Malgré notre agilité et notre attachement
pour l'homme, nous sommes en butte à bien
des dangers : Les oiseaux de proie nous poursuivent dans les airs ; les belettes, les rats
et les souris se glissent dans nos nids.

Quelquefois, faut-il le dire, l'homme vient
grossir la liste de nos ennemis ; la grossiè-
reté et la cruauté de certains oiseleurs l'em-

portent sur tout autre sentiment ; des gamins mal élevés détruisent, chaque année, des milliers de nos nids, malgré le proverbe bien connu : « Qui tue une hirondelle, tue sa mère. »

On nous distingue des autres espèces à notre manteau d'un noir bleu à reflets métalliques, et à la couleur marron foncé de notre front et de notre poitrine. Notre gorge est marquée d'une large bande noire ; la partie inférieure de notre corps est d'un jaune roux clair ; les plumes de notre queue portent des taches blanches.

De nombreuses colonies d'*hirondelles de fenêtres* s'étaient établies dans notre voisinage et vivaient avec nous en bonne intelligence. Leurs nids dessinaient de véritables guirlandes à l'embrasure des croisées, aux entablements des maisons exposées aux levant, autour de l'église et du château.

La taille de ces hirondelles est inférieure à la nôtre ; leur queue est moins étagée. Elles ont le croupion, la gorge et tout le dessous du corps d'un beau blanc, contrastant avec le plumage supérieur, d'un beau noir brillant à reflets bleuâtres ; les grandes plumes des ailes

sont brunes avec des reflets verdâtres, et portent des taches blanches à leur extrémité.

Les hirondelles de fenêtre reviennent en
France un peu plus tard que nous ; leurs
mœurs et leurs habitudes ressemblent beaucoup aux nôtres.

Elles sont, prétend-on, plus sérieuses, moins
confiantes, sans être craintives : Leur vol, plus
lent, est moins saccadé et moins rapide ; elles
planent davantage et s'élèvent à une très grande hauteur. Comme nous, elles se tournent,
se détournent facilement de tous côtés, tantôt
s'élevant, tantôt descendant, pour saisir leur
proie, tantôt effleurant les herbes ou la surface de la rivière qu'elles frappent quelquefois de l'extrémité de leurs ailes ou de tout
le poids de leurs corps.

Afin de ne pas être taxée de partialité, c'est
à un de vos naturalistes que j'emprunterai
son jugement sur le chant de l'hirondelle de
fenêtre :

A la voix, dit-il, on la distingue facilement
de l'hirondelle rustique. « Son chant ne se
compose que d'une phrase lente, uniforme,
nullement agréable, et qu'elle répète plusieurs
fois. C'est un des oiseaux chanteurs les plus

mauvais. » Mais, que notre voisine ne m'en veuille pas ; elle rachète, par d'autres avantages, cette petite infériorité, et ses mouvements sont pleins de grâce et d'élégance quand, dans les plus hautes régions de l'air, elle se livre, en jouant, à la chasse des insectes.

Que le nid de l'hirondelle de fenêtre soit placé sous une corniche, dans une embrasure, sous un toit ou sous les chapiteaux d'une colonne, elle choisit toujours un endroit où il soit protégé par en haut.

J'en ai vu se loger dans une crevasse de muraille dont elles fermaient l'entrée, en n'y laissant qu'une petite ouverture pour pouvoir passer.

Elle recueille de préférence, pour construire son nid, la terre que les lombrics, ou vers de terre, rejettent après en avoir extrait les sucs, et, comme nous, elle lui communique, à l'aide de sa live, une sorte de viscosité.

Cette terre se lie plus facilement ; mais comme on ne la trouve en assez grande quantité que lorsqu'il pleut, les hirondelles de fenêtre s'empressent de profiter de cette circonstance ; elles se réunissent souvent, mettent leurs efforts en commun, et façonnent des nids pour plusieurs ménages. Elles profitent ainsi des matériaux précieux, et la petite colonie épargne à chaque couple une perte de temps et des fatigues inutiles.

Pendant que plusieurs apportent les matériaux, la future mère donne au nid sa forme, polit la terre détrempée, et, par le frottement de ses plumes, fait disparaître toutes les aspérités qui pourraient blesser les petits.

La terre employée est fortifiée de brins de paille entremêlés dans l'épaisseur des parois ; la couche intérieure est garnie d'une grande quantité de plumes.

Ces nids diffèrent des nôtres, en ce qu'ils ne sont pas ouverts par en haut. Leur forme est ordinairement hémisphérique, et l'ouverture circulaire, placée vers la partie supérieure, n'excède pas le volume du corps de l'oiseau. L'exiguité de cette entrée permet plus facilement la défense du domicile, et a pour but d'empêcher les autres oiseaux de s'y introduire.

Cependant, malgré ces précautions, les moineaux y pénètrent quelquefois. Je les ai vus s'y glisser, pendant l'absence de mes voisines, et regarder insolemment par l'ouverture, pendant que les malheureuses expropriées n'avaient d'autre ressource que de voler tout autour en poussant des cris d'angoisse et en appelant leurs compagnes à leur secours.

J'en ai vu qui menaçaient les ravisseurs sans oser fondre sur eux; mais bien des fois aussi, le domicile violé est devenu le tombeau des voleurs. Les hirondelles spoliées, aidées de leurs amies, s'empressaient de murer, avec de la terre, l'ouverture du nid, et les brigands, enfermés, périssaient victimes de leur audace.

Un jour, j'ai aperçu un vieux moineau entrer dans un nid où se trouvait de pauvres petites hirondelles encore privées de plumes: Il leur brisa la tête à coups de bec, les rejeta dehors, et demeura maître du domicile, où sa compagne vint bientôt le rejoindre, malgré les cris des parents.

Ce couple audacieux parvint à jouir paisiblement de son larcin. Les moineaux approprièrent ce nid à leurs besoins; ils le tapissèrent chaudement de matériaux bien mous; et, les longs filaments, les brins d'herbe qui sortaient par l'ouverture, indiquaient que l'étasement avait changé de propriétaires.

Les jeunes prennent leur essor environ seize

ou dix huit jours après leur naissance ; ils s'exercent sous les yeux de leurs parents jusqu'à ce qu'ils puissent se suffire à eux-mêmes. Dans les premiers temps, ils reviennent chaque soir au nid.

« Père, mère, enfants, se pressent dans ce petit espace ; c'est à peine s'ils peuvent s'y loger à sept ou à huit ; aussi faut-il du temps avant que chacun ait pris sa place définitive, et l'on se demande comment ils peuvent s'y disputer, comme ils le font, sans que le nid tombe ou se rompe. Parfois les jeunes se trompent de nid : ils sont alors vigoureusement chassés et repoussés par les légitimes propriétaires. »

Un peu plus tard, les hirondelles se réunissent le soir, en grand nombre, pressées les unes contre les autres, sur les roseaux, sur les branches d'arbre qui s'inclinent sur la rivière ; on les voit encore sur les corniches, les entablements ou les toits des bâtiments ; elles y forment une sorte de long cordon et y passent la nuit.

Plus petite encore que l'hirondelle de fenêtre est l'*hirondelle de rivage*, dont quelques couples se sont établis au bord de la Vienne. Ce sont de bonnes petites voisines, toujours gaies, toujours vives, toujours en mouvement.

Rarement cet oiseau s'élève à une grande hauteur : On le voit, rasant la surface de l'eau ; et son vol est si vacillant qu'on a pu le comparer à celui des papillons.

Cette hirondelle doit son nom aux lieux qu'elle habite : Elle ne quitte guère les bords des rivières et des fleuves où elle établit son nid dans les trous des rats d'eau. Quand elle ne trouve pas un trou qui lui convient, elle cherche un terrain friable, un endroit où la rive est à pic, et elle creuse elle-même, avec rapidité, un terrier à ouverture étroite, qui a quelquefois cinquante centimètres de profondeur.

Le dos de l'hirondelle de rivage est gris-brun, le dessous du corps est blanc, la poitrine est marquée d'une bande d'un brun cendré.

Quoique je ne sois pas une hirondelle savante, je sais pourtantque les anciens avaient remarqué l'hirondelle de rivage ; seulement, ils lui attribuaient des travaux qui, malgré le courage de la pauvrette, seraient bien au-dessus de ses forces.

« A l'embouchure du Nil, près d'Héraclée, dit Pline, les hirondelles bâtissent leurs nids l'un près de l'autre, et opposent ainsi aux inondations du fleuve une digue impénétrable, de près d'un stade de long, et qui ne pourrait être construite de main d'homme. Dans cette partie de l'Egypte, il y a, près de la ville de Coptos, une île consacrée à Isis ; les hirondelles se donnent beaucoup de peine pour la raffermir, afin qu'elle ne soit pas emportée par le Nil. Au commencement du printemps, elles en fortifient la pointe, en emportant du foin et de la paille ; elles y travaillent trois jours et trois nuits de suite, avec une telle ardeur que beaucoup meurent d'épuisement.

» Chaque année, elles recommencent ce travail à nouveau. »

Voyez-vous notre gentille petite amie construire une digue qui oppose aux inondations du Nil une barrière impénétrable !...

J'aime mieux l'envisager telle qu'elle est, se laissant tomber de son nid et étendant les ailes pour prendre son essor, planant le long des rochers dont elle contourne rapidement tous les angles, fouillant toutes les crevasses sans jamais se poser ; puis s'arrêtant enfin sur une saillie, avec une de ses compagnes, battant joyeusement des ailes en poussant de petits cris.

V

Les Martinets

Le martinet de muraille ; ses habitudes ; ses mœurs ; sa nourriture. — Curieux détails. — Moustiques et chenilles. — Massacre insensé. — Un combat en règle. — Un homme vaincu par des martinets. — Dernier outrage.

Voici encore un voisin qui est aussi quelque peu notre parent : Celui-là est querelleur, violent, étourdi ; il ne vit en paix avec aucun oiseau, et ne peut s'entretenir même avec ses semblables.

Le *grand martinet, martinet noir, martinet de muraille, grande hirondelle,* porte une sombre livrée d'un noir de suie, avec la gorge blanchâtre, l'œil brun foncé, le bec et les pattes noirs.

Le martinet de muraille est cet oiseau à la

queue fourchue que, du commencement de mai à la fin d'août, vous voyez voler le long des rues, autour des clochers, des grands édifices, en poussant des cris assourdissants.

Les martinets émigrent en grandes bandes. On en voit souvent des centaines là où la veille on ne pouvait en apercevoir un seul ; ils voyagent la nuit, et c'est vers minuit qu'ils se mettent en route.

Ces oiseaux sont faciles à distinguer des autres hirondelles dont leur allure et leur genre de vie diffèrent beaucoup.

Excessivement vifs, remplis d'activité, l'air est leur véritable domaine, et on peut dire qu'ils y passent toute leur vie : Des premières lueurs de l'aurore, jusqu'à la nuit close, ils chassent et volent à de grandes hauteurs ; ce n'est que vers le soir ou par le mauvais temps qu'ils se rapprochent du sol. Aucun oiseau de nos contrées ne vole aussi rapidement : Ils traversent en moins de cinq minutes un espace de plus de soixante milles.

Leur vol est léger, facile, toujours soutenu ; ils ne peuvent, comme nous, changer brusquement leur direction, mais ils fendent l'air avec plus de vitesse ; leurs ailes étroites, recourbées en forme de faulx, s'agitent si rapidement que l'œil ne peut en suivre les mouvements ; puis, tout à coup, ils les étendent et planent, immobiles en apparence.

Au contraire, ils sont très maladroits quand ils doivent se mouvoir sur le sol ; ils ne savent pas marcher et peuvent à peine ramper ; j'en ai vu qui sont restés sur la terre, incapables de prendre leur essor.

Ils pillent souvent nos nids et ceux des moineaux ; ils se disputent entre eux, des journées entières, au bord de leurs nids.

Les coups de bec ou de griffes qu'ils se portent sont loin d'être inoffensifs : J'en ai vu qui sont tombés morts sur le sol à la suite de ces agressions ; ils avaient la poitrine ouverte et le corps déchiré.

Souvent ils nous poursuivent sans provocation ; ils font parmi nous beaucoup de victimes ; et ne se montrent animés de bons sentiments qu'à l'égard de leurs petits.

Ils nichent dans les crevasses des vieux murs, dans les trous des clochers et des grands édifices, dans les fentes des rochers, dans les troncs d'arbres creux, etc...

Les ailes des jeunes sont, comme celles

des chauves-souris, pourvues d'une espèce de crochet qui leur permet de se mouvoir dans le nid ; ce crochet disparaît chez les adultes.

Ils restent dans le nid plus longtemps que les autres oiseaux, parce que, lorsqu'ils le quittent, ils doivent être assez forts pour se soutenir par un vol prolongé, le repos sur la terre étant pour eux une impossibilité.

Lorsqu'une jeune couvée se lance pour la première fois dans l'air, le père et la mère s'unissent à leurs voisins, et tous, par leurs cris, provoquent les petits à affronter cette épreuve ; ils les excitent et les encouragent ; et quand, cédant à des sollicitations si pressantes, ils s'élancent hors du nid, ils sont entourés, et en quelque sorte soutenus par toute une phalange de martinets qui les initient à la chasse aux insectes.

Le martinet de muraille se nourrit à peu près comme nous ; cependant il chasse à une très grande hauteur des petites espèces d'insectes qui nous sont inconnues.

On a prétendu que cet oiseau ne boit jamais ; c'est là une erreur ; comme nous, il boit en volant ; mais ce qui est certain, c'est qu'il ne se baigne que quand il pleut, et qu'il ne se plonge pas dans l'eau comme nous aimons à le faire.

Il va, semant la mort parmi les insectes, et, malgré le peu de sympathie qu'il m'inspire, je suis obligée de constater que ses chasses aériennes rendent aux agriculteurs les plus grands services.

Un de vos savants, qui sous prétexte de science ne se gênent pas pour nous immoler, a trouvé dans le gosier d'un martinet, après un repas du soir, six cent quatre-vingts insectes. L'homme doit sentir son impuissance à remplacer de si utiles serviteurs et de si dévoués auxiliaires.

Vous auriez pu lire, dans un journal américain, de curieux détails sur les martinets. Je ne veux pas en garantir l'exactitude, car j'ai entendu dire, de l'autre côté de l'Océan, que les journalistes se mettaient quelquefois à côté de la vérité. Tels qu'ils sont, je les rapporte , persuadée qu'ils vous intéresseront.

« Les moustiques et les chenilles sont peut-être les deux inconvénients les plus agaçants des chaleurs que nous subissons depuis deux mois. Elles sont sans nombre, les tribulations auxquelles ces insectes soumettent les New-York.Yorkais.

» L'audace des moustiques ne connaît pas d'obstacles. Les chenilles ne hantent pas les mêmes parages, mais elles n'en trouvent pas moins le moyen de faire damner le pauvre monde. Inondé de sueur, en proie à une soif ardente, vous vous traînez péniblement jusqu'au café voisin ; d'une voix défaillante, vous demandez un verre de bière.

» La vue seule du liquide mousseux ranime un peu vos forces ; vous approchez le verre des lèvres. Halte !... vous venez d'apercevoir quatre ou cinq chenilles verdâtres se débattant dans la boisson glacée. Mieux vaut certainement trouver dans sa bière des chenilles que du verre pilé. Cependant le contact de ces insectes gluants produit une certaine répugnance sur quiconque n'a pas l'âme affranchie des préjugés vulgaires.

» Et voilà pourquoi il est fort regrettable de n'avoir pas, à New-York, ces charmants petits oiseaux, si communs en France, qu'on appelle martinets. Les martinets, peu délicats et fort gloutons de leur nature, font une consommation prodigieuse d'insectes de toute sorte, et le jour où ces oisillons seront acclimatés ici, les dames trouveront moins de moustiques dans leurs bas, et les consommateurs moins de chenilles dans leurs verres.

» Les habitants de Milwaukie sont plus heureux que ceux de New-York, mais ils ne savent pas apprécier leur bonheur. Dans cette localité bénie, les martinets pullulent ; les Milwaukiens, loin d'en rendre grâce à la Providence, cherchent, par tous les moyens, à se débarrasser de ces hôtes aussi utiles que gracieux.

» Un de ces jours passés, M. Desforges, propriétaire d'une maison située dans Mainstreet, et sur le toit de laquelle des milliers de martinets ont construit leurs nids, conçut le dessein criminel de perpétrer un nouveau massacre des innocents. En conséquence, il s'arma d'un balai, monta sur le toit et se mit à l'œuvre. D'un balai impitoyable il avait déjà détruit deux ou trois des palais de paille où dormaient les petits sans méfiance, pendant que les pères et mères étaient en quête de la pâture. Soudain le ciel s'obscurcit.

» Saisi d'un mouvement de crainte instinctif, le bourreau laisse tomber son balai sacrilège, et, ne comprenant rien à cette éclipse de soleil non prédite par les almanachs, il lève les yeux. Des myriades de martinets volaient, en tournoyant, à quelques pieds au-dessus de sa tête, semblant demander grâce. Il ne s'en émeut pas, et se baisse pour ramasser son balai. Ce fut le signal de l'orage. Les martinets, jusque-là suppliants et silencieux, s'excitent mutuellement au courage et au combat par des cris discordants. Ils se précipitent sur leur ennemi et le criblent de coups de bec.

» Mais c'est surtout au balai qu'ils en veulent ; cet instrument de meurtre est réduit en charpie, et ses lambeaux sont livrés aux quatre vents par l'armée aérienne. En vain M. Desforges veut résister : les coups de bec lui pleuvent dru comme grêle dans le dos, sur la tête, sur le visage, dans le gras des jambes, et il est d'autant plus sensible au coups qui l'atteignent dans cette partie que, vu l'extrême chaleur, il avait négligé de prendre des chaussettes. Ses ennemis sont insatiables ; avec un instinct admirable, ils imitent la tactique de la cavalerie des Mamelucks : chacun, son coup porté, s'éloigne pour revenir aussitôt attaquer d'un autre côté.

» Assourdi par leurs cris, ahuri par la rapidité de leur vol, M. Desforges se décide à battre en retraitre. Il atteint, non sans peine, la lucarne donnant accès sur le toit, et s'y engouffre avec une légitime précipitation. Mais, au moment où il allait achever de disparaître, où sa tête seule surplombait encore le trou de la lucarne, ses ennemis, que le succès enivre, lui infligent un outrage déshonorant, le même qui rendit aveugle le père de Tobie. Heureusement que, pour M. Desforges, les projectiles ne lui tombèrent pas dans les yeux, mais sur le nez, et de là vient qu'il ne fut pas aveuglé.

» Puisse cette leçon être un exemple non seulement pour lui, mais pour tous les Milwaukiens. Respect aux martinets, ou gare aux chenilles ! »

Quelque fantaisiste que soit ce récit, il n'en prouve pas moins que les martinets sont d'excellents insectivores, et aussi, que ces oiseaux, comme les hirondelles et beaucoup d'autres animaux utiles sont souvent en butte à l'ingratitude des hommes.

VI

A travers la France

Ce que nous devenons. — Fables ridicules. — Conciliabules. — Le départ. — Je reviendrai!... — Au pied des Cévennes. — Conseils bons à suivre. — Partout des pièges. — Les hirondelles des rochers. — Les pêcheurs de corail. — Nice. — Barrière immense.

Tous les oiseaux de notre famille sont doués d'une grande puissance de vol ; nous pouvons traverser l'espace avec une incroyable rapidité et nous transporter en quelques jours à des distances considérables. Pendant de longs siècles, pourtant, on a cru que nous n'étions pas capables de franchir les mers, et on a débité, sur la question de savoir où nous passions l'hiver, les fables les plus bizarres.

Les uns prétendaient que nous restions dans les lieux mêmes où nous étions nées ; mais, si bien cachées qu'il était impossible de nous découvrir.

Les trous d'arbres ou de murailles, les cavernes situées dans les gorges des montagnes devaient probablement nous servir de retraite.

D'autres, mieux avisés, affirmaient que, pendant l'hiver, nous nous enfoncions dans la vase des lacs et des étangs où nous nous engourdissions.

Olaüs Magnus a raconté que, dans le pays du nord, les pêcheurs tiraient souvent dans leurs filets, avec le poisson, des groupes d'hirondelles pelotonnées, se tenant accrochées les unes aux autres. Transportés dans des lieux chauds, ces oiseaux se ranimaient assez vite, et mouraient bientôt. Ceux là seuls conservaient la vie qui se dégourdissaient insensiblement et naturellement au retour de la belle saison.

Il est juste d'ajouter qu'Olaüs déclare n'avoir jamais été lui-même témoin de ce fait, qui lui a été rapporté par des personnes dignes de toute sa confiance.

Mais on ne pouvait rester dans le doute, et bientôt de prétendus naturalistes vinrent attester qu'ils avaient eux-mêmes retiré du fond des eaux des hirondelles engourdies.

Des naturalistes plus sérieux offrirent de payer au poids de l'or les hirondelles trouvées sous l'eau qu'on leur apporterait pendant l'hiver. Est-il bien nécessaire d'ajouter que ces savants désintéressés n'ont jamais eu l'occasion d'en payer une seule ?

Cependant, il est certain que lorsque des circonstances particulières nous empêchent d'émigrer, nous pouvons supporter un assez long jeûne, et vivre pendant quelque temps, comme différents mammifères, dans une espèce de sommeil léthargique.

Montbeillard dit qu'il a vu voltiger, en différents mois de l'hiver, des hirondelles de rivage, dans une des gorges des montagnes du Bugey. Mais il s'empresse d'ajouter que c'était fort près de Nantua, dans un endroit où le gazon est toujours vert et où l'hiver ressemble au printemps. . . . .

. . . .

Cependant, septembre touchait à sa fin, les nuits devenaient plus fraîches : Frileuses, nous nous pressions les unes contre les autres pour nous réchauffer.

Je ne puis exprimer ce qui se passait en moi ; mais il me semblait qu'un grand évènement se préparait.

Les vieilles mères, qui avaient acquis le

triste privilège de l'âge et de l'expérience, paraissaient plus agitées que de coutume : Elles allaient et venaient, parcouraient les différentes parties de la campagne, faisaient entendre un cri très vif qu'elles répétaient avec impatience lorsqu'on paraissait ne pas les avoir comprises.

A leur voix, beaucoup de leur compagnes se réunissaient sur un arbre ou sur une toiture, une conversation très vive s'engageait en langage d'hirondelle ; la nature des cris, les différentes inflexions de la voix marquaient les impressions diverses, les sentiments particuliers de chacune. De bruyante qu'elle était d'abord, la réunion devenait plus tranquille ; puis on se séparait pour recommencer sur un autre point le même conciliabule.

Bientôt la grande nouvelle circule dans tous les rangs : Il fallait songer au départ!...

— Mais pourquoi partir ? pourquoi abandonner notre tranquille vallée ? Le souffle de l'automne est encore tiède ; la nourriture est abondante.

Telles étaient les réflexions des plus jeunes, de celles qui, comme moi, n'avaient pas encore fait le grand voyage.

— La chaleur est encore assez douce ; les insectes sont encore nombreux ; mais, un jour, un seul jour de retard, et de furieuses rafales ébranleront vos retraites , des pluies glacées rendront la température insupportable ; vous mourrez de froid et de faim.

Pendant plusieurs jours, on nous soumit à des exercices préparatoires simulant un départ général ; on désigna celles qui, plus énergiques et mieux douées, seraient mises en première ligne, celles qui, plus faibles, seraient placées au centre pour être soutenues et encouragées.

La journée du 7 octobre fut particulièrement animée ; on prit toutes les dispositions et on fit les derniers préparatifs. Les chefs s'assurèrent que toutes les hirondelles des environs avaient été averties. Le soir, il y eut sur l'église, sur le clocher et sur la toiture d'une maison voisine, indiquée comme lieu de rendez-vous, une sorte de réunion plénière ; un cri général, cri d'assentiment unanime répondit aux sages propositions qui venaient d'être faites : Le départ était décidé !....

A ce cri succéda un profond silence ; toutes ensemble nous nous élevâmes lentement dans les hautes régions de l'air.

En ce moment, j'aperçus à une lucarne la tête de l'ami qui m'avait sauvé des griffes du chat et qui m'avait si souvent caressée dans mon nid : Je m'approchai pour lui dire adieu, sans interrompre mon vol, et le bout de mon aile effleura ses cheveux ; je reviendrai, lui dis-je !.....

« Ceux qui, de nos hivers redoutant le courroux,
» Vont se réfugier dans les climats plus doux,
» Ne laisseront jamais la saison rigoureuse
» Surprendre parmi nous leur troupe paresseuse.
» Dans un sage conseil, par le chef assemblé,
» Du départ général le grand jour est réglé ;
» Il arrive, tout part : le plus jeune peut-être
» Demande, en regardant les lieux qui l'ont vu naître,
» Quand viendra ce printemps par qui tant d'exilés
» Dans les champs paternels se verront rappelés. »

. . . .

Après avoir tournoyé quelques instants pour s'orienter, les chefs prirent la direction du sud-est, suivis de toute la colonne.

Aucun incident ne marqua cette première partie de notre voyage : Quatre ou cinq heures suffirent pour nous conduire au pied des Cévennes.

Le lendemain, par un soleil magnifique,

nous franchissions la montagne ; et, nous rapprochant du sol, nous pûmes, en rasant les vignobles de l'Hérault, dépouillés de leurs récoltes, nous réconforter en butinant une foule d'insectes.

Là, on nous invita de nouveau à la prudence ; on nous fit connaître que, dans le Midi, la chasse aux petits oiseaux était exercée par une foule d'individus qui les détruisaient par milliers. On nous parla d'une grotte dans laquelle on prenait, chaque année, environ 20,000 hirondelles !

Il faut que les hommes soient pris de vertige et de folie pour se débarrasser de la sorte de tant d'auxiliaires dévoués, toujours prêts à leur rendre service.

« Défiez-vous, nous disaient nos mères, des grands filets tendus à la surface du sol ; et, quand vous aurez franchi les Alpes, ne vous attaquez qu'aux insectes en liberté. »

Les Italiens ont, en effet, une singulière façon de nous faire la guerre et de nous capturer. Ils nous chassent ou plutôt nous pêchent, au moyen d'hameçons, amorcés avec des mouches et suspendus aux fenêtres. Lorsque, dans son vol rapide, une hirondelle

saisit la mouche, elle reste accrochée et pen-
due.

Au moment de la nidification, on remplace les mouches par des plumes dont nous avons besoin pour tapisser l'intérieur de nos nids.

En Grèce èt dans les îles de l'Archipel, les enfants montent dans les clochers ou sur les terrasses élevées et laissent voltiger une ligne dont l'hameçon est caché sous une plume ou sous un morceau d'étoffe légère. Martinets ou hirondelles saisissent, en volant, cet appât dangereux, et demeurent pris au hameçon.

Un naturaliste italien raconte lui-même comment, étant jeune, il faisait la chasse aux hirondelles.

« J'avais, dit-il, un brin de bouleau de la longueur d'un pouce ; je l'enduisais de glu, et j'y appliquais en travers une plume très légère ; puis je montais sur le faîte d'une maison, autour de la quelle voltigeaient ces oiseaux. Là, je donnais un souffle à la plume, qui, en s'éloignant, descendait lentement, ou, plus souvent encore, s'élevait suivant l'impulsion du vent. L'hirondelle ne manquait pas d'accourir ; et, saisissant la plume avec son bec, elle engluait ses ailes et tombait à terre. Souvent, en moins d'une heure, j'en attrapais plusieurs dizaines ; mais ce qui me divertissait le plus, c'était l'étonnement des spectateurs qui, ignorant le piège, ne pouvaient concevoir comment ces oiseaux tombaient au simple attouchement d'une plume nageant dans les airs. »

Malgré pièges et filets, les oiseaux de proie étaient encore ce qu'il y avait de plus dangereux pour nous dans les régions que nous allions aborder.

Notre troupe suivait le rivage de la Méditerranée : Les jeunes ne pouvaient se lasser d'admirer l'immense nappe bleue de la mer, et le ciel profond du midi.

La nourriture était abondante, la température plus douce qu'au départ, et les chefs, jugeant inutile de précipiter notre course en avant, prirent un peu au nord, où il nous fut permis de nous reposer sur les arènes de Nîmes et de folâtrer quelques moments sous les arcades du pont du Gard.

A peine entrée en Provence, notre colonne se trouva augmentée d'une quantité d'*hirondelles de rochers*, qui vinrent se joindre à nous.

Ces oiseaux ont la partie supérieure du corps d'un brun clair, les ailes et la queue noirâtres, avec des taches ovales d'un blanc jaunâtre sur les rectrices ; la gorge est blanchâtre ; la poitrine et le ventre sont d'un gris roussâtre. Leur véritable patrie est le midi de l'Europe, l'Espagne, la Grèce, l'Italie, la Provence.

Il n'est pas difficile de les reconnaître aü milieu des autres hirondelles, dont ils se distinguent par leur couleur grise, et par leur vol plus lent. Ils aiment à planer autour des parois rocheuses, où ils recueillent les insectes qui s'y abritent.

Leurs nids, qui ressemblent beaucoup aux nôtres, sont toujours disposés sous une saillie rocheuse qui les couvre et les abrite.

Les parents nourrissent encore les petits après qu'ils ont pris leur essor ; ils leur donnent à manger en volant : Les deux oiseaux volent à la rencontre l'un de l'autre, et rien n'est gracieux comme de les voir se maintenir en l'air, à la même place, jusqu'à ce que le petit ait saisi l'insecte qu'on lui présente.

Après quelques heures de repos sur les grands édifices de Marseille, ville de plus de 300,000 âmes, dont le port peut contenir plus de 1,200 vaisseaux, notre petite armée, continuant à suivre le littoral, se trouva engagée dans les gorges d'Ollioules, vallon sauvage formé par des montagnes arides dont les escarpements et les profils bizarres tantôt s'élèvent en pyramides prêtes à s'écrouler, tantôt prennent la forme de vieux remparts en ruines.

Puis, c'est Toulon, avec ses magnifiques navires de guerre, pourvus de machines formidables et d'engins destructeurs du plus puissant effet.

Mais que font donc ces hommes qui promènent au fond de la mer un instrument en bois, en forme de croix, ayant un filet à chacune de ses branches et une grosse pierre dans son milieu ?

Ce sont des pêcheurs de corail ; ils se livrent là à une pêche fatigante et dangereuse.

Le corail, avec lequel on fait des bracelets, des colliers, des camées, des bijoux de toutes sortes, représente assez bien un petit arbre dont le tronc branchu serait dépourvu de feuilles et de petits rameaux.

Il est composé d'une substance calcaire rouge ou rose, disposée par couches, secrétée par de petits animaux qu'on appelle des polypes.

Je suis une petite hirondelle curieuse ; j'observe et j'interroge pour vous faire profiter de mes voyages.

Mais nous voilà à Nice, séjour délicieux, perpétuel printemps, au pied d'un amphithéâtre de collines couvertes de maisons de campagne entremêlées de bosquets d'orangers et de lauriers roses.

L'immense barrière des Alpes nous sépare de l'Italie : Cette barrière nous la franchissons demain !

VII

Dans les Alpes

Les massifs alpins. — Les oiseaux de proie. — Pauvre rossignol !... — Le gypaëte barbu. — Un troupeau de chamois. — Un drame dans la montagne. — Un oiseau dangereux. — Le chasseur chassé. — Délivrance miraculeuse. — Les exploits des gypaëtes.

Dressés comme les gigantesques bastions d'une formidable enceinte, les massifs alpins descendent par étages successifs du côté de la France ; ils forment une immense muraille à pic du côté de l'Italie.

C'est vers le col de Tende que nous dirigeons notre vol : J'éprouvai un véritable serrement de cœur et une émotion plus grande encore qu'en quittant mon paisible vallon de la Vienne.

Je ne me lassais pas de regarder, au-dessous de nous, les hautes vallées, les grands bois, les rocs, les cascades, les sommets dénudés, tranquilles et solitaires et, plus haut encore, les neiges éternelles, les cimes terribles, les glaciers formidables.

Malheur aux hirondelles qui s'éloignaient du gros de la colonne ! De temps en temps un oiseau de proie se détachait d'une saillie de rocher, et, avide de sang, se précipitait sur la victime isolée qui, après avoir décrit, affolée, mille courbes, mille cercles, se croisant et se recroisant à l'infini, s'arrêtait pour mourir sous la griffe de son ennemi.

Mais s'il en est ainsi pour nous, que vous appelez les reines de l'air et dont l'agilité dépasse parfois celle du faucon, que sera-ce donc pour les oiseaux solitaires dont une quantité innombrable traverse ces régions semées d'embûches ?

Que deviendras-tu, pauvre rossignol que j'aperçois là-bas, bien loin, blotti dans un buisson ?

« Si je passe de jour, répond pour lui un de vos incomparables écrivains, ils sont tous là ; ils savent la saison ; l'aigle fond sur moi, je suis mort. Si je passe de nuit, le grand duc, le hibou, l'armée des horribles fantômes aux yeux grandis dans les ténèbres, me prend, me porte à ses petits.... Las ! que ferai-je ? J'essayerai d'éviter la nuit et le jour. Aux sombres heures du matin, quand l'eau froide détrempe et morfond sur son aire la grosse bête féroce qui ne sait pas bâtir un nid, je passe inaperçu... Et quand il me verrait, j'aurais passé avant qu'il pût mettre en mouvement le pesant appareil de ses ailes mouillées.

» Bien calculé. Pourtant, vingt accidents surviennent. Parti en pleine nuit, il peut rencontrer de front le vent d'est qui s'engouffre et qui le retarde, qui brise son effort et ses ailes.... Dieu ! il est jour.... Ces mornes géants, en octobre, déjà vêtus de blancs manteaux, laissent voir sur leur neige immense un point noir qui vole à tire-d'ailes. Qu'elles sont déjà lugubres, ces montagnes, et de mauvais augure, sous ce grand linceul à longs plis !... Tout immobiles que sont leurs pics, ils créent sous eux et autour d'eux une agitation éternelle, des courants violents, contradictoires, qui se battent entre eux, si furieux parfois qu'il faut attendre.

» Que je passe plus bas, les torrents qui hurlent dans l'ombre avec un fracas de noyades ont des trombes qui m'entraîneront. Et si je monte aux hautes et froides régions qui s'illuminent, je me livre moi-même : le givre saisira, ralentira mes ailes.

» Un effort la sauvé. La tête en bas, il plonge, il tombe en Italie, à Suze ou vers Turin, il niche, il raffermit ses ailes. Il se retrouve au fond de la gigantesque corbeille lombarde, de ce grand nid de fruits et de fleurs où l'écouta Virgile. »

Nous n'en sommes pas encore là !..

Nous montons, nous montons toujours, et nous n'avons pas encore atteint le faîte de la muraille cyclopéenne.

Tout à coup une grande ombre s'interpose

entre notre troupe et le soleil... Est-il possible, bon Dieu ! C'est l'ombre d'un oiseau de proie, un oiseau immense sous les ailes duquel pourraient s'abriter des centaines d'hirondelles.

Malgré une invitation au silence, un cri d'effroi s'échappa de nos poitrines.

Le *gypaëte barbu*, appelé dans les Alpes *lammergeier* ou *vautour des agneaux*, plane au-dessus de notre tête. Nous voyons distinctement ce terrible oiseau, ce briseur d'os, plus grand que le plus grand des aigles. Nous assistons à un curieux spectacle.

Un petit troupeau de chamois paissait tranquillement sur le flanc de la montagne ; de temps en temps, nous les voyions grimper avec adresse, bondir avec sûreté, courir avec aisance sur des parois à pic où la chèvre la plus courageuse n'aurait pas osé se risquer.

Admirablement doués sous le rapport de la vue, ces animaux reconnaissent de très loin leurs ennemis : Celui qui paraissait avoir la mission de veiller à la sécurité de la petite famille venait d'apercevoir le gypaëte qui décrivait dans l'air des cercles de plus en plus resserrés, et dont il devinait les in-

tentions. Il fit entendre une espèce de siffle-
ment bref, frappa le sol d'un de ses pieds de
devant, et prit la fuite, suivi de ses compagnons. Ils disparurent en bondissant de rocher en rocher, d'arête en arête, de corniche
en corniche.

Un seul resta en vue, et c'est sur celui-là
que le vautour parut concentrer toute son
attention.

Il continuait à décrire des cercles en se rapprochant d'une plate-forme étroite sur laquelle le chamois s'était imprudemment
élancé.

Lorsqu'il se vit à l'extrémité d'une corniche sans issue, l'énergique animal s'arrêta
un moment en face de l'abîme, se retourna et,
surmontant son effroi, il revint sur ses pas
avec la rapidité d'une flèche.

Mais, plus prompte encore avait été l'attaque de son adversaire qui fondit sur lui, le
harcela, battit l'air de ses grandes ailes,
agita ses serres autour de la tête de l'animal
effaré, éperdu, qu'il força à se précipiter dans
le gouffre, où il s'élança à sa suite pour le
dévorer.

Le bruit de la chute monta jusqu'à nous,

et bientôt la vitesse de notre vol nous eut emportées loin du théâtre de ce drame.

Le gypaëte se rencontre dans les Alpes et dans les Pyrénées ; il est fort redouté des bergers, dont il trompe souvent la surveillance.

Il attaque les agneaux, les moutons et les chèvres ; il vient facilement à bout du chamois et, s'il faut en croire certains récits, il est dangereux pour les enfants et pour les hommes endormis.

L'organisation de cet énorme oiseau est très vigoureuse ; sa puissance digestive est extraordinaire ; les os sont digérés par couches ; les plus gros ne résistent pas à l'action de son suc gastrique.

Lorsqu'il veut saisir une proie, il tombe sur elle de tout le poids de son corps ; si c'est un animal de faible taille, lièvre, agneau ou renard, il l'emporte sur les roches, même à une grande distance ; si la victime est trop volumineuse pour qu'il puisse l'enlever, il en déchire vivement quelques lambeaux, se réservant de venir à ce garde-manger tant qu'il restera une parcelle à dépecer.

Nous avons dit comment le gypaète s'était emparé du chamois ; cet oiseau a essayé quelquefois la même manœuvre avec l'homme, et ceux qui ont échappé à ce péril déclarent qu'il est difficile de résister au terrible élan de son vol et à la puissance de ses ailes.

Tschudi nous a fait connaître que le vautour des agneaux est quelquefois victime de sa témérité.

Il raconte qu'auprès d'Alpanach, dans l'Unterwalden, non loin d'un endroit appelé le Trou-du-Dragon, un gypaète venait de saisir un renard qu'il emportait tout vivant.

Maître renard se défendit vigoureusement, se débattit si bien qu'il finit par saisir son ravisseur au cou. Il serra de toutes ses forces et l'obligea à descendre à terre plus vite qu'il ne le voulait.

L'oiseau se tua roide en tombant, et le renard, dégagé de son étreinte, s'enfuit à toutes jambes, emportant probablement, de son ascension, un souvenir assez désagréable, qui ne pouvait manquer de lui revenir en mémoire chaque fois qu'il apercevait un gypaète.

Le même observateur parle de plusieurs enfants enlevés par les gypaëtes et cite la délivrance presque miraculeuse d'une petite fille qui fut rendue saine et sauve à sa famille. L'évènement fut consigné sur les registres de la paroisse, et l'héroïne de cette aventure, qui pouvait être plus tragique, vivait encore il y a une dizaine d'années.

Voici une autre histoire plus triste rapportée par M. Moquin Tandon : Deux petites filles d'une localité du canton de Vaud, agées, l'une de cinq ans, l'autre de trois ans, jouaient ensemble lorsqu'un vautour se précipita sur l'aînée : Malgré les cris de sa compagne, malgré l'arrivée de quelques paysans qui s'étaient empressés d'accourir, la malheureuse enfant fut emportée.

On fit d'actives recherches sur les rochers d'alentours : Les parents, au désespoir, arrivèrent jusqu'à l'aire du rapace, où ils ne découvrirent qu'un soulier et un bas, au milieu d'un tas d'ossements.

Un fameux chasseur de chamois, renommé par son intrépidité, grimpa pieds nus, son fusil sur l'épaule, jusqu'à une aire de gypaëte qu'il soupçonnait devoir contenir des petits.

Il avait à peine commencé son ascension que le mâle apparut : Le chasseur put s'arrêter sur un talus et l'abattre d'un coup de fusil, après quoi, ayant rechargé son arme, il reprit sa marche aventureuse. Il allait atteindre l'aire, lorsque la femelle se précipita furieuse; elle le saisit à la hanche avec ses serres et chercha à le précipiter au bas du rocher, en même temps qu'elle le criblait de terribles coups de becs.

La situation de l'intrépide chasseur était des plus périlleuses. D'une main il se cramponnait au revers du précipice, sans trouver la possibilité de faire usage de son arme.

Cependant, il eut assez de sang-froid pour résister à ce furieux assaut, et assez de présence d'esprit pour dégager son fusil et le diriger d'une seule main sur l'oiseau qui n'avait pas lâché prise.

Le gypaète tomba mort au milieu des rochers, et son énergique vainqueur, tout couvert de profondes blessures, put réunir ses prises, qu'il rapporta triomphalement à son village. . . . .

. . . .

Cependant, nous avions franchi le versant

français et dépassé ce que les géographes appellent la ligne de partage des eaux. Un immense panorama se déroulait à nos yeux. Le nord de l'Italie, cette corbeille gigantesque, dont les rebords sont formés par les Alpes et les Apennins, s'étendait sous nos pieds.

Après avoir traversé le Piémont, nous campions, le soir, à Turin, sur la toiture de la magnifique église de Saint-Laurent. Ce monument, entièrement revêtu de marbre noir, est un des plus remarquables de l'Italie.

VIII

En Italie

Turin. — Un beau pays. — Milan. — Venise ; ses monuments. — Les Apennins. — Le porc-épic. — Le golfe de Gênes. — Pise. — La Tour-Penchée. — Au bord de la mer. — La sèche. — L'argonaute. — Un charmant vaisseau.

Turin est une des plus belles villes de l'Europe : Ses grandes et magnifiques rues, tirées au cordeau, se coupent à angles droits et sont ornées d'une longue suite de portiques qui garantissent de la pluie et du soleil.

Cent dix églises ou chapelles dressent vers le ciel leurs coupoles élégantes ou les pyramides de leurs clochers.

C'est maintenant vers Milan que nous nous dirigeons à tire-d'ailes. Nous ne sommes pas pressées d'atteindre le sud de l'Italie. La température est douce ; nous nageons dans une atmosphère embaumée, et les insectes sont abondants.

Nous traversons cette belle contrée, dans laquelle l'hiver ne dure pas plus de deux mois, et où, dès février, la terre se couvre d'une nouvelle et abondante verdure.

Au mois de mai, ce sont déjà les chaleurs ; la récolte des céréales et de la plupart des fruits se fait en juin et en juillet.

Milan est située dans une vaste plaine, sur les bords de l'Olona ; cette grande ville, de plus de 220,000 habitants, est la capitale de la Lombardie. Si ses rues étaient assez larges et bien alignées, elle mériterait le titre de magnifique : Les maisons de modeste apparence y sont plus rares que ne le sont ailleurs les palais.

L'immense esplanade qui entoure les restes de l'ancien château était un terrain humide et malsain qui, sous l'administration française, fut transformé en une superbe promenade ombragée de plus de 10,000 pieds d'arbres.

Voici une vaste place d'armes, un cirque immense, de construction moderne, qui peut contenir plus 30,000 spectateurs; la vaste cathédrale gothique de Saint-Charles, des palais, des théâtres, des églises, des musées.

Quelques coups d'ailes nous conduisent à Monza, un peu au nord de Milan, sur les bords du Lambrola: Nous nous répandons autour du palais et de la cathédrale, dont le trésor, l'un des plus riches de l'Italie, possède la fameuse couronne de fer des anciens rois lombards.

Nous apercevons Bergame, Brescia, Vérone, et nous nous arrêtons à Mantoue, bâtie au milieu d'un marais, dans une île du Mincio. Nous avons voulu saluer la patrie de Virgile et replier un instant nos ailes fatiguées sur le monument qui abrite les cendres du Tasse.

La vallée du Pô qui, dans l'antiquité, était une contrée marécageuse ombragée par d'antiques fôrets peuplées de sangliers, peut à peine, aujourd'hui, fournir assez de bois pour ses habitants; mais de magnifiques prairies, arrosées par des ruisseaux qui descendent des Alpes, fournissent jusqu'à six récoltes dans la même année.

A mesure que nous approchons des côtes du golfe Adriatique, les lagunes s'étendent; leurs eaux verdâtres et croupissantes répandent sur les habitations qui les entourent l'influence la plus pernicieuse : Partout on voit des visages pâles et des êtres languissants.

Bientôt les lagunes paraissent se confondre avec le golfe, et nous apercevons Venise sortant du sein de la mer, principale source de sa richesse, élément de son antique puissance.

Cette ville, la plus singulière de l'Europe, et peut-être du monde, sort d'un vaste marais, et s'appuie sur le sol de cent cinquante îles qui, réunies par plus de trois cents ponts, semblent n'en faire qu'une.

Sa circonférence est d'environ douze kilomètres; un grand canal, qui la divise en deux parties égales, en est la rue principale ; d'autres canaux, plus étroits, forment les rues secondaires, bordées de maisons, dans lesquelles le bruit des rames remplace le fracas des voitures.

Malgré son voisinage, Venise n'éprouve pas la maligne influence des lagunes ; le mouvement continuel des flots vivifie l'air et l'assainit. Son sol ne renferme pas de sources : Cent soixante citernes publiques et un certain nombre de citernes particulières fournissent l'eau à ses habitants.

« L'église de Saint-Marc, l'un de ses principaux édifices, n'est cependant ni la plus belle, ni la plus riche en ornements, et l'on dit avec raison qu'elle ne ressemble à rien au monde.

» Sa façade, longue et écrasée, présente cinq grandes arcades formées par des portes de bronze ; au dessus et tout autour règne une tribune qui, sur la face principale, supporte les quatre fameux chevaux de bronze, qu'on prétend avoir été fondus à Corinthe, d'où ils furent transportés à Athènes, qui servirent d'ornements aux arcs de triomphe élevés à Néron et à Trajan, à Rome ; qui accompagnèrent Constantin à Byzance, qui

furent transportés de Constantinople à Venise,
au XIIIe siècle, et qui, sous le règne de Napoléon 1er, ornèrent la place du Carrousel,
à Paris, d'où, en 1815, ils retournèrent
à celle qu'ils occupent. Leur enlèvement
fut un jour de deuil pour le peuple pari-
sien, qui sentait l'humiliation de la conquête ; leur réinstallation fut une fête pour
le peuple de Venise : on aurait dit qu'il
recouvrait, avec ces monuments de son ancienne gloire, sa primitive indépendance ; et
cependant, quelques jours après, lorsqu'on
renversa la statue colossale de Napoléon, ce
même peuple murmura (1). »

La place Saint-Marc se distingue par sa
magnificence. Deux colonnes de granit, chacune d'un seul bloc, supportent la statue de
saint Théodore, et le lion ailé de saint Marc
qui, pendant quelques années, orna l'esplanade des Invalides, à Paris.

Une foule de palais et de beaux édifices servent de ceinture à cette place admirable, qui
est le rendez-vous principal des promeneurs
et le théâtre des grandes fêtes publiques.

(1) Malte Brun.

Le palais ducal, ancienne résidence des Doges de Venise, et qui fut plus d'une fois ensanglanté, est un édifice immense, encombré des richesses artistiques les plus rares.

Toutes ces splendeurs attestent l'ancienne prospérité de la reine de l'Adriatique et font ressortir tristement sa décadence.

Les chefs ont donné le signal du départ : Il faudra, pendant de longs jours, s'enfoncer toujours plus loin dans le Sud.

Cette ville que nous voyons au-dessous de nous, c'est Ferrare, un des principaux centres littéraires de l'Italie. Voici encore des palais, des églises, des tours, des fontaines ; c'est aussi une opulente cité, c'est Bologne, la ville la plus importante de la Romagne.

Et puis, c'est encore une barrière comme celle des Alpes : C'est la haute muraille des Apennins, qui commence au Tanaro, près de l'endroit où nous avons franchi les Alpes, pour ne se terminer qu'à l'extrémité de l'Italie.

Les oiseaux de proie y sont très nombreux ; aussi reçûmes-nous l'ordre de serrer nos bataillons et de ne nous éloigner sous aucun prétexte. Malgré toutes nos précautions, il y eut encore des victimes. Un faucon, qui semblait tomber des nues, tant son apparition fut inopinée, fondit sur l'arrière de notre colonne et s'empara de deux des nôtres, qu'il eut promptement dévorées.

Je vis, dans ces montagnes, des chamois, des chèvres sauvages, des furets, des lemmings, espèce de rats, dont les migrations périodiques sont de véritables fléaux pour les récoltes. C'est encore dans les Apennins que j'aperçus, pour la première fois, le *Porc-Épic*.

Ce singulier animal a la tête, la queue et la partie supérieure du corps couvertes de longues épines qu'il peut redresser à volonté. Les poils du dessus du corps sont courts et bien moins épais et épineux que les autres. Les piquants, annelés de blanc et de noir, atteignent parfois trente-trois centimètres de longueur.

La physionomie du porc-épic est grossière, sa démarche est lourde, ses formes sont épaisses. Il creuse des terriers profonds, et ne sort que pour chercher sa nourriture, qui se compose de racines, de bourgeons et de fruits sauvages.

Lorsque l'animal est effrayé ou irrité, il redresse ses piquants; ces armes se détachent aisément; mais ce serait une erreur grossière de croire qu'il les lance à volonté contre ses ennemis. Sa voix ressemble au grognement du cochon, ce qui, avec la forme de sa tête, lui a valu le nom sous lequel il est connu.

Du haut des Apennins, nous apercevons Pistoie, ville près de laquelle le brave Murat subit une défaite; Lucques, qui offre l'aspect d'une ville du nord; et, comme un large ruban d'argent, l'Arno, qui coule au fond d'une riche vallée.

C'est la seconde région de l'Italie, avec ses terres bien cultivées, qui s'élèvent en pente sur les flancs des montagnes; avec ses terrasses soutenues par des murs de gazon, dont la verdure, sur laquelle se détachent de pâles oliviers et des arbres couverts de fruits ou de fleurs, donne aux coteaux l'aspect le plus riant et le plus plantureux.

Là-bas, c'est la mer bleue, c'est le golfe de Gênes; encore quelques coups d'ailes, et nous nous reposons sur un des édifices les plus singuliers du monde, sur ce fameux campanile Torto, mieux connu sous le nom de Tour-Penchée de Pise. C'est du haut de ce monument que l'immortel Galilée fit des expériences célèbres.

La base du campanile Torto, ornée de colonnes, supporte six rangs d'arcades surmontées d'une tour d'un diamètre moins considérable que la base. Sa hauteur est de soixante-quatre mètres, et son inclinaison est de cinq mètres.

Est-ce intentionnellement que l'architecte a accompli ce miracle d'équilibre; est-ce, au contraire, un affaissement du sol qui a donné à la tour cette étonnante inclinaison? — Cette question, qui a été souvent posée, ne sera probablement jamais résolue.

Pise est une des plus belles villes de l'Italie, qui ne compte aujourd'hui qu'environ 30,000 habitants et qui, au moyen-âge, en avait plus de 150,000.

Ses églises, sa belle cathédrale, ses jardins, son baptistère, son Campo-Santo, ses monuments divers excitent l'admiration des étrangers.

C'est en errant sur les bords de la mer Thyrrénienne et du Golfe de Gênes, en chassant les insectes qui fréquentent le bord des eaux, que j'ai vu une multitude de poissons et de mollusques qui m'étaient inconnus.

Les rochers, couverts de varechs et de fucus, servent de retraite à de nombreuses espèces non moins intéressantes que celles qui recherchent les plages couvertes de sables et de galets.

C'est au sein de la Méditerranée qu'habite la *sèche commune*, curieux mollusque que les pêcheurs recherchent, moins pour sa chair que pour sa coquille intérieure et sa bourse à encre. C'est la sèche qui, lorsqu'on la poursuit, rejette une liqueur noirâtre dont on fait une couleur appelée sépia. La coquille interne, connue sous les noms d'*os de sèche* ou *biscuit de mer*, est composée d'une infinité de lames calcaires très minces, parallèles, jointes ensemble par des milliers de petites colonnes creuses qui vont perpendiculairement de l'une à l'autre. On l'emploie pour polir divers objets, et on la donne aux oiseaux de volière pour s'aiguiser le bec et pour qu'ils puissent y puiser la chaux nécessaire au développement et à la nutrition des os.

C'est dans ces mêmes eaux que j'ai admiré un autre singulier mollusque, de la famille des poulpes, connu sous le nom d'*argonaute papiracé*.

La coquille, mince, transparente, fragile, forme une élégante nacelle, et semble avoir fourni à l'homme l'idée des premiers navires, de même que l'animal qui l'habite paraît lui avoir donné les premières leçons de navigations.

L'argonaute est herbivore ; il recueille au fond de la mer les plantes qui font sa nourriture ordinaire, absolument comme nous butinons dans l'air les mouches et les moucherons qui nous servent d'aliments.

Veut-il s'élever à la surface, il forme un vide dans sa coquille par la manière dont il s'y place ; et, par sa propre légèreté, s'élève comme un ballon qui monte dans l'atmosphère.

Lorsque le temps est beau, il déploie deux légères membranes qui lui servent de voiles ; il les élève à l'aide de deux de ses bras et les présente au vent dont le moindre souffle les tend et met en mouvement le léger esquif.

Quatre autres bras lui servent de rames et sont utilisés quand le calme est trop profond ;

et deux autres encore, croisés en arrière, font l'office de gouvernail.

Ce charmant vaisseau, dont le propriétaire remplit à la fois les fonctions de matelot, de rameur et de pilote, vogue légèrement à la surface de la mer. Ce n'est qu'à force d'adresse et de vigilance que l'argonaute échappe à la voracité des habitants de la mer.

Doué d'une excessive prudence, qualité indispensable au navigateur, dès que la tempête commence à agiter les flots, il se renferme dans sa coquille, et se laisse glisser au fond des eaux.

En un instant, il a déplié ses voiles, retiré ses rames, rentré son gouvernail, et, blotti tout au fond de sa demeure, il permet à l'eau de la submerger jusqu'au moment où le calme sera rétabli.

IX

De Florence à Naples

*Les monuments de Florence. — Arezzo. — Piombino. — Or-
vieto. — Rome. — Antiques souvenirs. — Monuments remarquables. — La Campanie. — Voir Naples et mourir !...— La
Grotte-du-Chien. — Le tombeau de Virgile. — Le Vésuve.*

Abandonnant le rivage de la Méditerranée,
nous remontons le cours de l'Arno et nous
nous dirigeons vers Florence, qui fut, après
Turin et avant Rome, la capitale du royaume
actuel d'Italie.

Florence est, par excellence, la ville des arts
dont elle fut le berceau. Le sublime Michel-
Ange disait qu'il était impossible de concevoir
rien de plus beau que l'architecture de la
cathédrale ; la tour, qui lui sert de clocher et
qui en est isolée, est si riche d'ornements que
Charles-Quint disait qu'elle devrait être mise
dans un écrin.

Michel-Ange prétendait encore que les trois

portes de bronze de l'église du Baptistère étaient
dignes de fermer l'entrée du Paradis. Le tombeau des Médicis, commencé depuis trois siècles, est un des monuments les plus remarquables de cette contrée où les chefs-d'œuvre
sont si nombreux qu'on ne saurait les énumé-
rer.

Le Palais Pitti, construit en 1460, porte un
caractère de solidité et de grandeur qui lui
permet encore d'affronter les siècles.

Les quais de l'Arno sont d'une splendeur qui
ne souffre aucune comparaison avec les plus
beaux de l'Europe.

Nous descendons vers le sud, et nous trou-
vons, à l'est du canal qui unit l'Arno à la
Chiana, la ville antique d'Arezzo, placée dans
une situation magnifique : C'est la patrie de
Mécène, de saint Laurent, de Pétrarque, de
Guy, l'inventeur des notes de la musique, et
de beaucoup d'autres grands hommes. C'est
aussi à Arezzo que naquit Concini, ce célèbre
aventurier qui devint maréchal d'Ancre et mi-
nistre du roi Louis XIII.

Nous revenons vers la mer et nous faisons
une halte à Piombino, petit port au sud de
Livourne, dont la population n'atteint pas

3,000 habitants. De là, nous découvrons distinctement l'île d'Elbe, qui n'est pas à plus de
douze kilomètres du continent. Cette petite
terre est devenue à jamais célèbre dans l'histoire depuis le séjour qu'y fit Napoléon Ier, à
qui elle fut donnée en souveraineté par le tratié
de 1814. Ce fut de là qu'il partit le 25 février
1815, pour revenir en France et recommencer
la lutte qui se termina par le désastre de Wa-
terloo !

De Piombino, nous retournons vers le lac de
Pérouse ou de Trasimène, dont nous contour-
nons les agréables rivages ; et, prenant bientôt
la vallée du Tibre, nous suivons ce fleuve célèbre, qui roule des eaux jaunâtres et rapides
et qui est sujet à de fréquents débordements.

Voici, à notre droite, Orvieto, sur un rocher
escarpé, au bord de la Paglia. On y voit un puits
dans lequel les mulets descendent par une sorte
d'escalier éclairé par cent petites fenêtres ; ils
remontent par un autre chemin, disposé de la
même manière.

Devant nous c'est Rome, l'ancienne capitale
de l'empire romain, la capitale du monde catho-
lique et de la moderne Italie.

Rome est située au milieu d'une vaste plai-

ne, autrefois fertile, aujourd'hui presque im-
productive, qui s'étend depuis la mer jusqu'aux
Apennins.

La Rome chrétienne recouvre en quelque
sorte la Rome païenne, dont quelques monuments, restés debout malgré le ravage des
temps, attestent çà et là son antique existence.

Le sol actuel est tellement élevé au-dessus
de l'ancien que la roche Tarpéïenne n'a plus
que neuf ou dix mètres de hauteur, et que
le pavé d'une petite église construite au pied
du mont Palatin est juste au niveau du faîte
d'un temple antique élevé en souvenir de l'al-
laitement par une louve de Romulus et de
Rémus.

Il a fallu descendre à une profondeur de sept
mètres pour dégager la base de la colonne
Trajane et déterrer la moitié du piédestal de
l'arc de triomphe de Constantin pour juger
dans son entier ce monument.

Voici le Panthéon où, à la place des dieux de
l'antiquité, on voit maintenant les tombeaux
de Raphaël et du Carrache et le buste de Nico-
las Poussin ; le Colisée, dont la circonférence
extérieure est de trois cent trente-trois mètres
et qui pouvait contenir 50,000 spectateurs.

Lorsque Titus ouvrit pour la première fois cet amphithéâtre aux Romains, on y vit paraître un nombre incroyable d'animaux de toute espèce : Des renards, des lions, des tigres, des éléphants, des cerfs, des gazelles, restèrent étendus sur l'arène, pêle-mêle avec les gladiateurs qui les avaient combattus. En un seul jour, il en périt plus de 5,000 !...

Les Romains étaient avides de ces jeux cruels où la vie des hommes n'était pas plus ménagée que celle des bêtes.

Quelquefois, la vaste arène était transformée en une petite mer de près de sept mètres de profondeur qui recevait l'eau par quatre-vingts ouvertures : Une flotille y était installée et l'on donnait au peuple l'émouvant spectacle d'un combat naval.

Çà et là, au cours de mon vol, j'entrevois le Vatican, demeure du pape, avec la fameuse chapelle Sixtine, si richement décorée.

Le Quirinal, qui était autrefois la résidence d'été des papes et qui est devenu le palais des rois d'Italie ; le Capitole, qui n'abrite plus, comme autrefois, Jupiter Tonnant, mais qui sert simplement de résidence aux magistrats municipaux ; l'ancien Forum, devenu le mar-

ché aux bestiaux ; la colonne Antoine, surmontée d'une statue de saint Paul ; le tombeau
d'Adrien, devenu le Château Saint-Ange.

Voici la basilique de Saint-Pierre avec sa
magnifique coupole, avec son portique décoré
de quatre-vingt-douze statues hautes de trois
à quatre mètres ; la coupole n'a pas moins
de cent cinquante mètres d'élévation et de
vingt-neuf mètres de hauteur ; et partout des
palais, des églises, des colonnes, des fontaines, des statues, un luxe inouï de richesses
artistiques, d'antiquités intéressantes que les
siècles ont réuni dans cette ville, la plus remarquable du monde.

Nous volons maintenant au-dessus de la
campagne de Rome, cette contrée jadis si peu-
plée et si florissante, aujourd'hui presque dé-
serte ; laissant derrière nous les Abruzzes, nous
planons sur les Marais Pontins, dont les exha-
laisons méphitiques engendrent des fièvres
mortelles.

Voici le port et le golfe de Gaëte, la terre
de Labour, autrefois Campanie : Nous sommes dans la chaude région où l'orange douce
prospère en pleine terre. Jusqu'à l'extrémité
de l'Italie nous trouverons le figuier, l'aman-

dier, le cotonnier, la canne à sucre, la vigne qui donne les vins brûlants de la Calabre.

Le cédratier, le bigaradier, le palmier, l'aloès et le figuier d'Inde y croissent, surtout dans les plaines et sur le bord de la mer.

Mais il faut nous arrêter à Naples, dont la vaste baie apparaît devant nous :

« La largeur et la beauté de ses quais ; le château de l'Œuf, isolé sur le haut d'un rocher escarpé ; celui de Saint-Elme, qui s'avance dans la mer ; l'île de Caprée, qui sort de l'onde comme un rocher stérile ; la couleur noirâtre du Vésuve, qui menace la ville de ses feux destructeurs, et dont les flancs, couverts de la plus belle verdure, sont tachetés de points blancs, qui sont autant de maisons de campagne ; les montagnes bleuâtres, dont l'extrémité forme le promontoire de Massa ; à leurs pieds Castel-à-Mare, bâtie sur les ruines de Strabie, près de laquelle Pline trouva la mort en contemplant l'éruption qui détruisit Pompéia ; au bord de la mer, Sorrente, patrie du Tasse, forment un point de vue dont la magnificence surpasse les plus belles descriptions.

En voyant se dérouler ce riche panorama,

on peut dire avec le Napolitain : *Vedi Napoli, e poi mori !* Voir Naples et puis mourir ! (1) »

Décrire les monuments de Naples serait répéter ce que nous avons dit des autres villes de l'Italie, où comme à Rome, comme à Florence, les chefs-d'œuvre abondent.

Toute la plaine de la Campanie est couverte de déjections volcaniques : Naples est bâtie sur des courants de laves. La solfatare, reste d'un volcan qui paraît avoir des communications avec le Vésuve, ne produit plus que des vapeurs sulfureuses. Le sol caverneux retentit sous les pas du voyageur ; le soufre et l'alun qu'on en retire forment une précieuse ressource pour l'industrie.

Je n'ai pu, comme de nombreux curieux, visiter la Grotte du Chien, qui a, du reste, beaucoup perdu de sa réputation, depuis que l'on connaît, dans plusieurs contrées volcaniques, d'autres cavernes d'où s'exhale l'acide carbonique ; mais voici ce qu'on m'en a raconté : Elle doit son nom à l'expérience que l'on ne manque jamais de faire sur un malheureux

____

(1) Malte-Brun.

chien, pour donner satisfaction à la curiosité des voyageurs.

Il s'élève de son sol une vapeur chaude, tenace, subtile, qu'il est aisé de discerner à la simple vue, et qui, en s'élevant, couvre toute la surface du fond de la cavité ; mais cette vapeur, plus lourde que l'air, retombe après s'être un peu élevée.

Si l'on y introduit un flambeau allumé, on le voit s'éteindre presque aussitôt : cette vapeur mortelle est de l'acide carbonique.

On peut se tenir debout dans cette grotte sans éprouver aucune incommodité, pourvu que la tête dépasse le niveau de la couche d'air irrespirable, mais on ne tarderait pas à succomber si la tête y était plongée.

On rapporte que Charles VIII, roi de France, en fit l'expérience sur un âne ; et que Pedro de Tolède, plus cruel, y fit placer, la tête en bas, deux esclaves, qui y perdirent la vie.

Aujourd'hui, le gardien de la grotte renouvelle sans cesse l'expérience sur un chien : Il couche dans la grotte le pauvre animal, qui au bout d'une trentaine de secondes paraît comme mort ; après une minute, ses membres sont attaqués d'une sorte demouvement convulsif, et il ne conserve bientôt d'autre signe de vie qu'un battement insensible du cœur et des artères, qui serait bientôt suivi de mort si on le laissait deux ou trois minutes en cet endroit. On s'empresse de le retirer de la grotte, et il ne tarde pas à revenir à la vie, après qu'on la plongé dans l'eau et étendu sur l'herbe.

Si je n'ai pu m'introduire dans la Grotte du Chien, rien ne m'empêche de saluer, sur le revers du Pausilippe, un simple monument composé d'une large base carrée, en pierre et en briques, sur laquelle s'élève une espèce de tour circulaire : c'est le tombeau de Virgile.

J'ai visité la patrie du prince des poètes, et je veux me reposer quelques instants sur le laurier qui abrite les cendres du cygne de Mantoue.

A huit kilomètres environ au sud-est de Naples se trouve le Vésuve, le plus considérable des volcans de l'Europe. Il occupe une montagne complètement isolée et séparée des Apennins.

Le sommet du Vésuve a 1,234 mètres de hauteur ; il forme une plate-forme surmontée de deux pointes, dont l'une fait face à la mer, projette continuellement de la fumée, et change de configuration à chaque éruption nouvelle.

Les flancs de la montagne sont complètement dénudés ; ce n'est qu'au bas que l'on voit de beaux vergers, de magnifiques vignobles, dont les raisins fournissent le vin, délicieux au dire des hommes, si connu sous le nom de lacryma-christi. On parvient au cône de cendres, très escarpé, en passant par le charmant village de Résina.

Qui croirait que les hommes sont assez téméraires pour s'introduire dans le cratère du volcan : Ce sont des Français qui, les premiers, en 1811, tentèrent cette périlleuse expédition, souvent renouvelée depuis cette époque.

Les anciens ne considéraient le Vésuve que comme un volcan éteint ; peut-être le rattachaient-ils simplement aux fameux Champs-Phlégréens, où la mythologie romaine plaçait les enfers ; et ils n'étaient en cela pas plus superstitieux que les habitants de l'Islande qui, de nos jours, considèrent l'ouverture de leur volcan comme la bouche de l'empire des ténèbres, et les mugissements qu'il fait entendre comme les cris de fureur et de désespoir des damnés.

C'est Sénèque qui, le premier, parle des éruptions du Vésuve. Il nous apprend que sous le consulat de Régulus et de Virginius, le jour des Nones de février, date qui correspond à l'an 63 de l'ère chrétienne, il y eut un violent tremblement de terre qui se fit sentir dans les environs du Vésuve. Pompéia, ville célèbre, fut en partie engloutie dans le sein de la terre ; Herculanum fut en partie détruite ; toute la Campanie en souffrit.

Seize ans après, en l'an 79, à huit heures du matin, le 24 août, un nouvel incendie du Vésuve, qui avait été précédé de tremblement de terre, fut accompagné de cette éruption violente, devenue si célèbre par la mort de Pline l'Ancien ou le Naturaliste.

Cet illustre martyr de la science était alors au Cap de Misène, en qualité de commandant de la flotte des Romains : Spectateur d'un phénomène inouï et terrible, il se rendit à Strabies et s'approcha du rivage pour observer de plus près le prodige, et aussi pour porter secours aux malheureuses victimes de ces convulsions de la nature. Etouffé par la fumée qui s'exhalait du gouffre, il fut enseveli sous une pluie de feu. Les vapeurs, les cendres, les flammes, les laves, détruisaient pêle mêle les hommes, les troupeaux, les poissons, les oiseaux.

Herculanum, Pompéïa et Strabies disparurent complètement.

Beaucoup d'autres éruptions eurent lieu dans la suite ; celle de 1794 avait détruit le bourg de Torre-del-Greco, qui, reconstruit et devenu une ville de 1,500 âmes, a été de nouveau anéanti par la secousse volcanique, en 1862. On comptait, jusqu'alors, 86 éruptions du célèbre volcan.

X

D'Europe en Afrique

Salerne. — Otrante. — Tarente ; productions. — La Sicile. — L'Etna. — Messine. — Charybde et Scylla. — Malte. — D'île en île. — L'Afrique. — Tunis. — La Régence. — Les gazelles. — Le léopard. — Une victime. — Chasse à la gazelle.

Retenues pendant quelques jours à Naples par un terrible vent du sud-est, appelé Sirocco, nous pûmes bientôt reprendre notre voyage. Nous visitâmes Salerne, puis (après avoir franchi les montagnes) la Terre de Bari et la Terre d'Otrante : C'est à Otrante, autrefois *Hydruntum,* que Pythagore donna ses premières leçons de philosophie ; la petite vallée qui précède cette ville est si belle qu'on la nomme « le paradis terrestre de la contrée. »

Nous voilà à Tarente, qui a donné son nom à la *tarentule,* espèce d'araignée sur laquelle le peuple a brodé les histoires les plus extravagantes. Après avoir traversé la Basilicate, nous nous élevons au-dessus du mont Pollino, et nous voguons en pleine Calabre, où la vigne donnerait un vin excellent si les habitants la cultivaient avec plus de soin.

Dans cette contrée, le mûrier nourrit un nombre immense de vers-à-soie ; les oliviers y sont si féconds et l'huile si abondante qu'on la conserve dans des citernes ; le frêne à manne se multiplie sans culture sur le penchant des collines ; le palmier, le cotonnier et la canne à sucre donnent d'excellents produits.

Abandonnant le Continent, nous passons en Sicile, après avoir traversé le détroit de Messine. Cette grande île triangulaire, qui a plus de 920 kilomètres de côtes, compte plusieurs ports importants, parmi lesquels Messine, Palerme, Syracuse et Catane.

Une chaîne de montagnes, qui fait suite aux Apennins, s'y divise en trois branches qui partagent l'île en trois versants.

C'est sur le versant oriental que s'élève l'Etna, volcan si considérable qu'auprès de lui le Vésuve ne serait qu'une colline. Ce colosse se divise en trois régions végétales : La première est celle de la canne à sucre et du blé ; la seconde voit croître la vigne et l'olivier ; la troisième ne porte que des plantes boréales.

Les éruptions de l'Etna sont connues de toute antiquité : La fable nous montre les géants Encelade et Typhon ensevelis vivants sous la montagne. C'est là que Vulcain et les Cyclopes forgeaient des foudres à Jupiter. Plusieurs fois la lave a été sur le point de submerger Catane.

Tandis que le front du volcan est chargé de neige, et qu'un hiver éternel existe à son sommet, un printemps perpétuel règne dans le reste de l'île. C'est sur les flancs de l'Etna que se trouve le châtaignier *di cento cavalli*, sous lequel 100 chevaux tenaient à l'aise, et qui n'a pas moins de 37 mètres de circonférence.

La ville la plus rapprochée de la Calabre est Messine. Détruite par le tremblement de terre de 1783, elle fut bientôt rebâtie, mais elle n'a jamais recouvré sa première importance.

Elle s'élève en amphitéâtre au pied des

montagnes dont les cimes bleuâtres se confondent avec l'azur du ciel.

Mille espèces de plantes, toujours vertes, s'étendent en longs festons sur leurs flancs déchirés par des ravins et couronnent les palais de Messine.

Sous les murs de la cité se pressent, en bouillonnant, les eaux du détroit où, jadis, Charybde et Scylla glaçaient d'effroi les navigateurs.

Charybde, à deux cent cinquante mètres du rivage de Messine, n'est qu'un gouffre de trente-trois mètres de circonférence, qui éprouve les remous qui se font remarquer en mer, dans tous les passages étroits.

Coupée à pic, la base de Scylla est percée de plusieurs cavernes; les flots s'y précipitent, se replient, se heurtent, se brisent et se confondent en produisant un bruit effrayant.

Homère et Virgile ont représenté Scylla poussant d'horribles hurlements dans sa profonde retraite, entouré de chiens et de loups menaçants.

Bientôt nous dirons adieu à l'Europe : Nous visitons l'île de Malte, rocher calcaire d'environ vingt kilomètres de long, à peine couvert d'une mince couche de terre végétale que la chaleur de son climat rend extrêmement fertile, et qui est arrosé par l'eau de plus de quatre-vingts sources. Ses fruits exquis, ses orangers célèbres, la beauté de ses roses, les suaves émanations de mille fleurs diverses, les chants d'une multitude d'oiseaux, parmi lesquels on distingue la voix si harmonieuse du merle solitaire, en font un séjour enchanteur.

Toute cette riche végétation est d'autant plus extraordinaire qu'on est obligé d'apporter de la Sicile à Malte de la terre végétale, lorsqu'on veut y créer des jardins.

Voici la petite île de Comino, celle de Gozzo, hérissée de montagnes, fertile en coton, en grains et en plantes potagères.

Nous nous reposons sur l'île volcanique de Pentellona, qui n'offre de toutes parts que des pentes abruptes et des cavernes ; et un dernier et puissant effort nous conduit au Cap Bon, qui forme la pointe nord-est de la Régence de Tunis. Nous sommes en Afrique !....

Mais il semble que ce soit encore la France : De toutes parts flotte le drapeau aux trois couleurs.

Des ruines qu'on répare, disent éloquemment que le fléau de la guerre s'est abattu sur cette terre si fertile et si négligée.

Les beys de Tunis, qui, depuis la prise d'Alger, vivaient en bonne intelligence avec la France, se sont trouvés impuissants à réprimer les excursions sanglantes que les sauvages habitants du pays des Kroumirs faisaient de temps en temps sur le territoire occupé par les Européens ; il a fallu venger les pillages, les vols, les assassinats et mettre dans l'impuissance de nuire cette poignée de bandits qui se retranchait, avec son butin, dans les gorges inaccessibles de ses montagnes.

La France est venue, au prix de fatigues inouies, supportées avec courage par ses jeunes soldats, apporter à la Régence, avec sa protection, les bienfaits d'une civilisation jusque-là inconnue.

Bien que la chaleur soit insupportable, les branches de l'Atlas présentent des régions fraîches et élevées ; une plaine fertile borde la Medjerdah. La contrée voisine de la mer est riche en oliviers ; il s'y trouve un grand nombre de villes et de villages, bien peuplés ; la partie de l'ouest est remplie de montagnes

et de collines arrosées par de nombreux ruisseaux dont les environs, extrêmement ferti-
les, produisent les plus belles et les plus
abondantes moissons ; mais, au sud, se dé-
roule un pays stérile, et comme défriché par
un soleil ardent.

J'avais, en traversant les Alpes, vu les légers chamois dont les mouvements rapides
et la légèreté nous avaient surpris ; et j'a-
vais conservé un souvenir pénible de la brutale
agression du vautour.

Je rencontrai, sur la limite du désert, des
animaux du même genre, mais plus élégants,
plus gracieux, plus agiles, et, de ma vie, je
n'oublierai cette apparition ravissante et poé-
tique : C'était un troupeau de *gazelles*, au
pelage jaunâtre passant sur le dos et sur les
membres au brun-roux foncé, avec une bande
plus foncée encore, courant le long des flancs,
et séparant la teinte du dos de celle du ventre, qui est d'un blanc éclatant. Leur tête
fine, leurs grands yeux vifs et doux, leurs
cornes en forme de lyre, font de ces animaux
de charmantes créatures.

Les antilopes s'avançaient en bondissant,
franchissant les herbes et les buissons, plus

rapides que les plus rapides coursiers ; par instant, je croyais voir des oiseaux rasant le sol, sans toucher la terre. Elles s'arrêtèrent à l'abri d'un buisson de mimosas, dont les cimes, étendues en forme de parasol, les garantissaient des rayons du soleil, et se mirent à paître tranquillement.

Tout paraissait silencieux, le troupeau errait çà et là, et, pour mieux l'observer, je m'étais approchée des arbres, en butinant quelques insectes qui voltigeaient autour des feuilles fraîches.

Cependant, un mouvement se fit dans les herbes voisines du buisson, et, du point élevé où je planais, j'aperçus un animal dont la présence me fit frissonner d'horreur. Le monstre avait quelque ressemblance avec le chat dont j'avais failli être la victime sous le hangar qui avait servi d'abri au nid de mes parents.

C'était, en effet, un chat, mais un chat qui, du museau à l'extrémité de la queue, n'avait pas moins de deux mètres de longueur.

Sa tête était ronde, son museau court, sa queue longue et mince, sa robe véritablement splendide ; sur un fond jaune-orangé, se dessinaient des taches brunes ou noires, tantôt fermées, tantôt composées de deux, trois ou quatre points disposés circulairement : C'était un *léopard*.

Je pressentais un grand danger pour les pauvres gazelles, et je devinais les intentions de l'animal qui, de ses pattes veloutées, faisait sortir, comme d'une gaine, des griffes acérées d'une puissance extraordinaire. Sa queue s'agitait, tout son corps frémissait en ondulant dans l'herbe ; son œil brillait comme un charbon ardent, et sa langue rugueuse, couleur de sang, lissait ses longues et rudes moustaches.

J'avais compris les intentions du terrible carnassier ; je poussais des cris désespérés pour éveiller l'attention des gazelles, et, pourtant, je ne pouvais m'empêcher d'admirer les mouvements si souples et si gracieux du monstre : Il avançait, sans paraître faire le moindre effort ; son corps se pliait et se retournait dans tous les sens, comme celui d'un reptile ; ses pieds touchaient si légèrement le sol que j'étais tentée de croire qu'ils n'avaient rien à supporter : Fascinée moi-même, j'étais partagée entre la crainte du danger qui menaçait le troupeau et le plaisir que me causait la vue du monstre se glissant dans les hautes herbes.

Poussée par la curiosité, l'une des gazelles, qui avait vu les herbes remuer, avança sa jolie tête ; ce fut le signal de l'attaque. Le léopard se replia sur lui-même ; son corps se détendit comme un formidable ressort ; et, d'un bond parfaitement calculé, il tomba sur sa proie dont j'entendis craquer les os. Clouées au sol par la frayeur, les autres gazelles restèrent un moment immobiles ; mais bientôt, au signal du chef, le troupeau s'éloigna avec la rapidité de l'éclair, pendant que leur redoutable ennemi se gorgeait du sang de leur compagne !.....

Quelques jours plus tard, j'assistai à une chasse d'un autre genre, dont j'aurais pu devenir la victime, si je ne m'étais tenue soigneusement cachée entre les feuilles d'un palmier.

Des cavaliers s'avançaient dans la plaine immense ; l'un d'eux portait un faucon sur son poing.

Dès qu'ils aperçurent un troupeau de gazelles, le faucon fut lâché, et s'éleva dans les airs. L'une des antilopes se détacha du troupeau, et ce fut sur celle-là que l'oiseau de proie concentra tous ses efforts.

Il fondit sur elle comme une flèche ; puis, modérant son essor, il décrivit des cercles autour de sa tête, et bientôt lui enfonça ses serres dans la gorge, dont le sang jaillit.

La gazelle fit un bond énorme et parvint à se débarrasser de son ennemi qui, d'abord désappointé, revint à la charge, s'abattit de nouveau sur le cou de sa victime qu'il maintint, qu'il étourdit, jusqu'à ce que les chasseurs vinssent lui couper la gorge.

Pauvres gazelles, si douces, si gracieuses, si innocentes, vous subissez la loi commune, cette loi fatale qui permet au plus fort de s'imposer au plus faible, aussi bien dans les centres les plus civilisés que dans les solitudes du désert !...

XI

La Vallée du Nil

La Régence de Tripoli. — L'Egypte. — Le Nil. — Les roussettes. — Animaux fabuleux. — L'ichneumon. — L'ichneumon et le crocodile. — L'ibis sacré. — Prodiges extraordinaires. — Un combat. — La défaite d'un serpent. — Le serpentaire ou messager.

Je m'engageai dans la Régence de Tripoli, m'élevant au-dessus de vastes plaines arides et sablonneuses, sous un ciel brûlant et inhospitalier, où l'on respire un air sans cesse vicié par le souffle du sirocco. De temps en temps, j'entendais les hurlements lugubres des chacals, le ricanement sinistre de l'hyène, et quelquefois aussi les rugissements terribles du roi du désert.

Toujours longeant la Méditerranée, j'arrivai en Egypte, dans cette longue vallée formée par les alluvions du Nil, et qui, avant la conquête de l'Algérie par la France, servait de lien entre l'Afrique barbare et le monde civilisé.

5.

Le fleuve mystérieux est soumis à des crues périodiques et régulières, et, en se répandant sur ses rives, il dépose une couche de limon qui apporte dans ce pays, où il ne pleut jamais, la richesse et la fécondité.

Pendant les mois d'hiver de la France, lorsque tout dans notre pays est morne et désolé, la nature semble avoir transporté en Egypte la vie, la verdure et tout ce qui charme les yeux.

Les fleurs des orangers, des citronniers et d'une foule d'arbustes odorants, parfument l'air ; les troupeaux sont partout répandus dans les prairies ; tout le pays ne forme qu'un immense jardin. De tous côtés la plaine fertile, terminée par des montagnes blanchâtres, est semée de bouquets de palmiers.

Dans la saison opposée, le tableau change complètement : Le pays ne présente plus qu'un sol fangeux, sec, poudreux, ou d'immenses champs inondés, de vastes espaces vides et sans culture, des campagnes où l'on n'aperçoit que quelques dattiers. Çà et là, des chameaux conduits par de misérables paysans nus et hâlés, hâves et décharnés, circulent sous un soleil brûlant, un ciel sans nuages, dans une

atmosphère desséchée par des vents conti-
nuels.

Lorsque la crue du Nil s'opère dans les conditions convenables, la récolte est d'une abondance et d'une richesse extraordinaires. On
cultive avec succès le maïs, le blé, le riz, le
millet, la canne à sucre, les légumes de toute
espèce, l'indigo, le chanvre, le lin, le tabac, le
café, etc. ; on élève de nombreux troupeaux
de chameaux, de mulets, d'ânes, de chevaux
et une grande quantité de volailles.

Dans ce pays des Pharaons, où toutes les
forces de la nature étaient personnifiées et
divinisées, où l'on adorait le crocodile, l'hippopotame et le chat, l'ibis, l'ichneumon et le
bœuf Apis, les plantes et les légumes, le sol
est parsemé de monuments immenses, pyramides, obélisques, sphinx, villes gigantesques,
statues colossales, enfouis dans les sables,
restes grandioses de la civilisation d'un autre
âge ; et il m'a été donné, pauvre hirondelle
du dix-neuvième siècle, de me reposer sur les
ruines de Memphis et sur des tombeaux cy-
clopéens construits depuis plus de quatre
mille ans !...

Beaucoup de nos compagnes s'étaient dispersées : La nourriture, partout abondante dans ces chaudes régions, nous permettait de voguer désormais suivant notre caprice. Mais notre troupe était encore considérable, et beaucoup, comme moi, remontaient le cours du Nil.

Un jour, que nous nous étions perchées au sommet d'un grand sycomore, nous fîmes connaissance avec les êtres les plus extraordinaires qu'il m'ait été donné de rencontrer. Etaient-ce des oiseaux ?... étaient-ce des quadrupèdes?... Les oiseaux ont un bec et des plumes ; les quadrupèdes n'ont pas d'ailes ; ils ne peuvent pas voler...

Telles étaient les réflexions qui vinrent interrompre notre caquetage. Disons-le vite, nous étions un peu effrayées.

Branchées au sycomore, les animaux qui nous préoccupaient se tenaient la tête en bas, les ailes pliées et plaquées contre le corps : Ces ailes leur formaient une robe d'un gris brunâtre passant au jaune-clair sur les flancs. La tête, qui ressemblait, en miniature, à celle d'un chien ou d'un renard, avait quelque chose de vif, de fin, d'animé, et une physionomie très expressive.

L'arbre était garni, dans son pourtour, d'une quantité de ces girandoles vivantes qui n'avaient d'autre mouvement que celui que le vent imprime aux branches.

C'étaient de grandes *chauves-souris*, de l'espèce appelée *roussette*, dont l'aspect bizarre et fantastique a donné naissance à tant de fables absurdes.

Hérodote raconte qu'en Asie, ces grandes chauves--souris incommodent beaucoup les hommes qui travaillent dans les marais, au point qu'ils sont obligés de se couvrir de cuir le corps et le visage pour se préserver de leurs morsures. Les harpies signalées par les poètes de l'antiquité n'ont pas d'autre origine.

Les anciens ne connaissaient qu'imparfaitement ces mammifères ailés, qui sont des espèces de monstres ; et c'est d'après ces modèles que leur imagination a inventé les harpies avec leurs dents, leurs griffes, leurs ailes, leur cruauté et leur vivacité ; ils ont donné à ces êtres imaginaires tous les attributs difformes, toutes les facultés nuisibles.

La vérité est que ces *chiens-volants*, dont on a fait d'effroyables *vampires*, sont des animaux absolument inoffensifs. C'est à tort que l'imagination les a vus s'abattre sur le cœur de l'homme endormi pour en sucer le sang, ou comme des âmes damnées dont la simple morsure constituait une souillure indélébile.

Les roussettes sont frugivores ; quelques petites espèces paraissent se contenter du suc des fleurs ; elles sucent les fruits plutôt qu'elles ne les mangent ; elles recherchent particulièrement ceux qui sont doux et odorants, tels que les bananes, les pêches, les raisins ; lorsqu'elles ont envahi un verger, elles y paturent toute la nuit, et le bruit qu'elles font en mangeant les trahit de fort loin ; parfois, elles avalent tant de suc de palmier qu'elles s'enivrent et tombent inertes sur le sol.

Mais que n'a-t-on pas raconté sur les animaux que nous apercevons dans les roseaux, marchant à la suite les uns des autres et formant une sorte de long serpent ? Celui qui tient la tête de la bande dépasse la taille du chat domestique ; sa fourrure consiste en un duvet épais, d'un jaune roux, recouvert de poils noirs rudes, longs de plus de huit centimètres, marqués d'anneaux de diverses nuances.

La couleur générale du pelage est un gris

verdâtre, qui s'harmonise parfaitement avec les lieux où se tient l'animal.

C'est une famille *d'ichneumons*, ou *rats des Pharaons*, animaux sacrés dont on embaumait les corps et à qui les Egyptiens accordaient les honneurs de la sépulture.

Les uns ont dit que l'ichneumon, appelant ses semblables à son secours, attaquait et tuait les plus grands serpents ; d'autres ont prétendu qu'un seul animal pouvait se livrer à cette chasse dangereuse, mais qu'alors il agissait avec la plus extrême prudence: Il se roulait dans la vase, se faisait sécher au soleil : et, ainsi cuirassé, ramenant encore sa queue par dessus son museau, comme un bouclier, il bravait les morsures de ses adversaires.

L'ichneumon rend bien d'autres services à l'humanité, et voici un récit, non moins curieux, et plus invraisemblable encore :

Lorsque le crocodile est rassasié, il se couche sur un tas de sable, ouvrant sa large gueule et menaçant toute créature qui aurait la hardiesse de l'approcher. L'ichneumon s'avance en silence, s'élance dans la gueule du monstre, lui mord la gorge, lui déchire le cœur et les entrailles, et de ses dents aiguës se fraye un passage à travers le corps de son ennemi dont il sort vivant. D'autres fois, il rôde sur les bords du fleuve pour découvrir les œufs du crocodile ; il fouille le sable jusqu'à ce qu'il les ait rencontrés, et, malgré la vigilance de la mère, il les dévore en quelques instants.

Les anciens Egyptiens ont cru toutes ces histoires, qui se sont transmises d'âge en âge et que les écrivains ne se sont pas donné la peine de vérifier.

Le mot *ichneumon* signifie *découvreur de gibier*, et ce nom est parfaitement mérité par cet animal rusé, voleur et vorace, craintif, prudent et méfiant.

C'est en rampant dans les herbes et toujours bien caché qu'il se met en chasse : Il mange tous les animaux qu'il peut saisir, depuis le lièvre jusqu'à la souris, depuis l'oie jusqu'au plus petit oiseau ; les serpents, les lézards, les insectes de toutes sortes sont sa nourriture habituelle.

Mais la réputation de cet animal sacré est devenue bien mauvaise : ses rapines lui ont valu toute la haine des paysans de l'Egypte moderne ; il pille leurs basses-cours. détruit

les œufs, égorge les poules et les poussins.
Peut-être aussi cette haine n'est-elle que de
l'ingratitude : Les crocodiles sont maintenant
fort rares dans la Basse-Egypte dont les habitants méprisent des services qu'ils ne sont plus
à même d'apprécier ; et ils considèrent comme
une œuvre pieuse la destruction de l'ichneumon.

C'est encore un animal que les Egyptiens
avaient placé sur leurs autels et qu'ils ado-
raient comme un dieu tutélaire que j'ai plusieurs fois rencontré, marchant avec gravité
sur les bords du Nil, en compagnie d'un grand
troupeau de bestiaux, et du berger dont la présence ne lui inspirait pas la moindre crainte.

L'*ibis sacré*, quelquefois confondu avec la
cigogne, est remarquable par son grand cou,
ses longues jambes, son plumage blanc teinté
de jaunâtre, avec les extrémités des ailes et la
poitrine d'un noir bleuâtre, l'œil rouge carmin, la peau du cou d'un noir velouté, le bec
arrondi, courbé dans sa longueur, terminé en
pointe émoussée, à bords durs et tranchants,
capables de couper les lézards, les grenouilles
et les serpents dont il se nourrit.

L'ibis fait une guerre continuelle aux serpents qui, de tout temps, se sont prodigieusement multipliés dans l'Egypte, au sein de cette terre humide, pénétrée par les débordements du Nil, échauffée par les rayons ardents d'un brûlant soleil.

De là, les honneurs rendus à cet oiseau dans l'antiquité ; de là, toutes ces momies d'ibis disposées par couches dans les tombes funéraires sous les pyramides du Sakahra ; de là encore tous les récits merveilleux que se sont transmis les générations.

Lorsque les bêtes malfaisantes, les dragons fantastiques, les serpents volants descendaient de la montagne, l'ibis était là qui les guettait à l'entrée des vallées et qui les exterminait avant qu'ils eussent pu nuire aux habitants.

Le basilic, raconte-t-on, provient d'un œuf d'ibis, formé du poison de tous les serpents que l'oiseau a mangés. Mais, prodige plus grand encore, les serpents les plus terribles, les crocodiles les plus gigantesques, demeurent immobiles, puis tombent foudroyés, dès qu'ils ont été touchés avec une plume d'ibis.

Et que penser de la longévité extraordinaire de cet oiseau divin ?.. Les prêtres d'Hermopolis conservaient dans leur temple un ibis tellement vieux qu'il ne pouvait plus mourir!...

Le point sur lequel on est parfaitement d'accord, aujourd'hui comme autrefois, c'est que l'ibis est un oiseau extrêmement utile qui détruit une grande quantité de reptiles et d'insectes. Il aime à nicher sur les mimosas dont les branches épaisses, entrelacées et épineuses, forment un fourré impénétrable.

En planant au-dessus du désert de Nubie, je fus témoin d'un curieux combat entre un oiseau et un serpent, mais ce n'était plus de l'ibis qu'il s'agissait.

Le serpent, d'assez grande taille, fuyait devant son ennemi, qui paraissait voler en rasant le sol et qui pourtant ne déployait pas ses ailes pour s'aider dans sa course.

Ne voyant aucune retraite où il pût se dissimuler, le reptile s'arrêta, se redressa et chercha, par ses sifflements aigus et le gonflement extraordinaire de son cou, à intimider son adversaire. Mais, dans cet instant, l'oiseau de proie développait une de ses ailes et la ramenait devant lui pour en couvrir, comme d'un bouclier, ses jambes et la partie inférieure de son corps.

Le serpent, surpris, s'élance avec furie ; l'oiseau bondit, frappe, recule, se jette en arrière, saute dans tous les sens, et présente toujours son aile défensive à la dent meurtrière du reptile qui s'épuise en vains efforts, pendant que de l'autre aile il lui détache de vigoureux coups.

Enfin, le serpent, étourdi, chancela, roula dans la poussière ; son ennemi le saisit adroitement, le lança en l'air à plusieurs reprises, jusqu'au moment où il retomba épuisé, sans force, et presque sans mouvement ; il lui brisa le crâne à coups de bec, le dépeça en l'assujettissant sous ses doigts et en fit un copieux repas.

Ce grand oiseau, à l'attitude fière, énergique, était vraiment beau dans son triomphe. C'était le *serpentaire*, appelé encore *messager*, à cause de la rapidité de sa marche, et *secrétaire*, à cause des plumes qu'il porte derrière le cou, et qui rappellent assez bien la plume que les commis aiment à se planter derrière l'oreille.

XII

Animaux monstrueux

Kharthoum. — L'hirondelle filifère. — Les flaques d'eau de l'Atbara. — Refuges dangereux. — L'hippopotame. — L'oiseau des pluies. — Le repas d'un monstre. — Chasseur européen. — On a souvent besoin d'un plus petit que soi. — Une lutte terrible. — Les martinets nains. — Un nid dans une feuille. — Le Nil bleu.

J'arrivai au confluent de l'Atbara qui conduit au Nil les eaux de l'Abyssinie orientale, et bientôt j'atteignis Khartoum, à la jonction du Nil-Bleu et du Nil-Blanc. Je restai quelque temps dans cette ville, où les voyageurs qui veulent explorer l'intérieur de l'Afrique ne manquent jamais de s'arrêter pour procéder à leurs derniers préparatifs ; et je vis souvent de nombreux troupeaux d'esclaves noirs, conduits comme des animaux sur les marchés, par les maîtres barbares qui s'en étaient emparés.

Moi, du moins, j'étais libre, et ma sécurité aurait été complète si je n'avais pas eu à redouter les attaques des oiseaux de proie, car les habitants de ces contrées ne chassent pas les hirondelles.

C'est à Khartoum que je rencontrai pour la première fois l'*hirondelle filifère*, vive, agile, gracieuse, légère, et dont le chant et les mœurs se rapprochent beaucoup de ceux de notre espèce. Elle niche dans les vieux murs, dans les constructions en ruines, dans les enfoncements des rochers.

Son nom d'hirondelle filifère lui vient des deux rectrices externes qui se prolongent bien au-delà des autres, en brins filiformes, et qui lui donnent une remarquable élégance. Elle a la face supérieure du corps d'un beau bleu métallique, le sommet de la tête roux, les joues noires, le ventre blanc.

Bientôt, nous ne fîmes toutes qu'une seule famille, et nous rasions en folâtrant tous les cours d'eau du pays où les insectes pullulaient.

L'Athara qui, pendant la saison des pluies, a plus de quatre cents mètres de largeur et dix mètres de profondeur, est absolument à sec pendant plusieurs mois de l'année ; son lit forme alors une nappe de sable éblouissante qui se confond avec le désert.

Par intervalles, il reste d'immenses flaques d'eau dans de profondes cavités creusées naturellement au-dessous du lit moyen de la rivière ; et ces étangs, dont quelques-uns ont plusieurs kilomètres de longueur, servent de refuge aux crocodiles, aux hippopotames, aux poissons et aux tortues de grande espèce qui s'y entassent en quantités prodigieuses, jusqu'au moment où les pluies, en alimentant de nouveau l'Atbara, pourront leur rendre leur liberté.

L'*hippopotame* est assurément l'animal le plus massif, le plus lourd, le plus monstrueux qui existe ; sa tête quadrangulaire est caractérisée par un museau d'une longueur et d'une largeur extraordinaires, ses dents, recourbées en demi-cercle, atteignent jusqu'à un mètre de longueur, et le monstre, dont le poids est parfois de plus de 3,500 kilogrammes, dépasse souvent quatre mètres cinquante centimètres de longueur.

L'eau, projetée avec force, s'élève en éventail à plus d'un mètre au-dessus de la surface de l'étang, un soupir particulier ou un sourd grognement se fait entendre, et l'hippopotame paraît pour respirer. On distingue la tête, masse hideuse et informe d'un brun roux, avec deux pointes qui sont les oreilles, et quatre éminences qui marquent la place des yeux et des narines ; un instant après, cette tête disparaît pour reparaître encore au bout de trois ou quatre minutes, car l'hippopotame ne peut pas rester plus longtemps sans respirer quand il n'est pas blessé.

Lorsque le lieu est complètement désert, les hippopotames quittent l'eau, se vautrent dans la vase, et s'étendant à l'aise, se livrent au sommeil ; de temps en temps un vieux mâle pousse un grognement, relève la tête, et inspecte les alentours. J'étais étonnée de voir plusieurs oiseaux s'agiter au milieu de ces monstres ; l'un deux, que les indigènes appellent l'*oiseau des pluies*, enlevait adroitement de leur peau les sangsues et de nombreux insectes qui y adhéraient. Un petit héron se promenait gravement sur le dos des horribles bêtes et travaillait à les débarrasser de la vermine qui s'attache à leur corps.

L'hippopotame nage avec une rapidité incroyable ; et, lorsqu'il est tranquille, l'eau reste autour de lui lisse et immobile ; mais s'il est attaqué, blessé et qu'il s'élance avec fureur, il jette ses pattes postérieures en arrière, s'avance par bonds, produit de fortes vagues, et sa puissance est telle qu'il peut soulever et mettre en pièces des bateaux de moyenne grandeur.

Un jour, je vis un de ces hideux animaux qui, doucement balancé par le mouvement de l'eau, broutait les joncs, les roseaux, les papyrus, les grands nénuphars et cent autres plantes remarquables par leur couleur et leur parfum.

Ce spectacle avait quelque chose d'horrible; sa gueule immense s'entr'ouvrait, sa tête informe disparaissait sous les plantes, l'eau se troublait au loin; l'hippopotame reparaissait avec un gros faisceau de végétaux, qu'il déposait à la surface pour les mâcher et les avaler lentement et avec délices. Les tiges pendaient de chaque côté de ses énormes mâchoires, et leur suc verdâtre, mêlé à la salive, découlait lentement des lèvres; ses yeux étaient fixes, mobiles, sans expression, et les dents se montraient dans toute leur longueur.

Rien ne semblait devoir troubler la béatitude du géant, lorsqu'un coup de feu retentit. Il y avait là un chasseur européen, accompagné de quelques nègres. La balle avait frappé, sans pouvoir y pénétrer, le crâne épais de l'animal : Furieux, il rugit, plonge, gagne la rive, sort de l'étang, et s'élance à la poursuite de l'imprudent, qui cherche à se dissimuler dans un épais fourré où les lianes et les épines forment un enchevêtrement inextricable. Les piquants des mimosas blessent le chasseur, les épines recourbées mettent ses habits en lambeaux ; il court toujours devant lui, sans but, sans direction, couvert de sang et de sueur ; il renverse les obstacles, convaincu que ses efforts sont inutiles, car la brute est sur ses talons.

J'étais glacée d'effroi, et je faisais des vœux pour le salut de mon compatriote, lorsque soudain il me vint une de ces folles inspirations qui ne naissent que dans les grands dangers. Je me mis à harceler le monstre, suivie de celles de mes compagnes qui se trouvaient dans le voisinage : Nos cris, mille fois répétés, détournèrent pendant une seconde l'attention de l'hippopotame, et cette seconde suffit pour sauver le chasseur ; car l'animal ne l'apercevant plus, rebroussa chemin,

et revint se plonger dans l'eau de l'étang.
Le proverbe « On a souvent besoin d'un plus
petit que soi » venait, une fois de plus, de recevoir son application ; mais le chasseur ne
saura probablement jamais qu'une pauvre hirondelle d'Europe lui a sauvé la vie sur les
bords de l'Atbara !

Cependant, des nègres montés dans un
grand canot s'avançaient, à force de rames,
à la rencontre de l'animal blessé qui, furieux
en présence de ses nouveaux adversaires, poussait des grognements épouvantables. Avant
qu'il eût eu le temps de se précipiter, une
grêle de lances et de harpons, lancés par
des mains exercées, s'implantèrent dans son
corps et le firent ressembler à un gigantesque porc-épic.

Mais tout n'était pas fini et l'hippopotame,
revenant à la charge avec fureur, mit la
barque en pièces et la broya entre ses dents ;
les nègres s'éloignaient en plongeant et en
nageant, et plus d'un, sans doute, aurait suc-
combé sous les atteintes de l'amphibie, si le
chasseur européen, remis de son émotion, n'é-
tait accouru à leur secours. Une nouvelle balle
frappa dans un endroit vulnérable ; le mons-

tre fit un bond, lançant des flots de sang
par son énorme gueule, et bientôt son cadavre, amené près de la rive, fut traîné sur un
banc de sable où les nègres l'eurent promptement dépecé.

Le Nil-Bleu arrose un terrain fertile ; il sort
des montagnes et se précipite avec une immense vitesse comme un torrent rapide ; son
nom lui vient de la transparence admirable
de son eau limpide, qui réfléchit constamment un ciel sans nuages. Je rencontrai, sur
les bords du Nil-Bleu, de nouveaux repré-
sentants de notre famille, des *martinets nains*,
au manteau gris cendré, aux ailes et à la
queue brunâtres, avec la gorge plus claire.

J'avais remarqué autour des grands palmiers dont la cime se balançait au-dessus
des autres arbres, de grandes bandes de ces
mignons oiseaux. Ils allaient de côté et d'autre en poussant des cris perçants et reve-
naient toujours vers les palmiers, sur les
feuilles desquels ils se posaient un instant
pour repartir bientôt.

Ma curiosité étant excitée, je me mêlai à
leur troupe ; j'aperçus de nombreux points
blancs qui se détachaient sur le vert du

feuillage et qui paraissaient attirer particulièrement les martinets. Je voulus vérifier ce que pouvaient être ces points blancs, et vous comprendrez ma surprise quand je reconnus qu'ils n'étaient autre chose que les nids de mes nouveaux amis.

La structure en est très singulière, et je n'avais pas l'idée d'un pareil berceau. La feuille du palmier, étant trop lourde pour être soutenue par son pétiole, se recourbe et pend verticalement ; en outre, la feuille elle-même forme avec le pétiole un angle aigu et le milieu de cette feuille est occupé par une sorte de gouttière. C'est dans cette espèce de rigole, que le martinet nain établit son nid ; il le compose de fibres de coton, agglutinées avec de la salive et solidement collées contre la feuille. L'excavation de cette frêle demeure a environ sept centimètres de diamètre ; elle est tapissée de plumes molles et douces, également fixées au moyen de salive contre les parois : deux œufs sont déposés dans la jolie couchette.

Mais là ne s'arrête pas l'industrie du petit martinet : Par les grands vents, la feuille qui porte le nid est violemment agitée ; il fallait donc empêcher les œufs et les petits d'être lancés au dehors. Pour arriver à ce résultat, l'oiseau fait pour sa progéniture ce qu'il a fait pour le nid et pour les plumes qui le tapissent ; c'est-à-dire, qu'il colle avec sa salive les œufs et les petits. Viennent le vent et la tempête, le palmier incline son tronc élevé, balance sa cime élégante, secoue ses feuilles pendantes, mais, l'arbre, les feuilles, le nid et la famille sont soudés ensemble, et la sécurité de la couvée est complète.

J'aurais pu, jusqu'au printemps d'Europe, me reposer dans cette contrée où vivaient heureux les martinets nains, les hirondelles filifères et des milliers d'oiseaux de toutes espèces. Mais ma destinée m'appelait dans d'autres pays. Je revins vers le Nil-Blanc, et, toujours amplement pourvue de vivres, je me dirigeai vers la région des lacs, suivie d'un assez grand nombre de mes compagnes.

Le fleuve est bordé d'épaisses forêts de mimosas dont le feuillage produit l'effet le plus pittoresque, et dont le sol n'est qu'un marécage affreux, entièrement submergé, où je revis de nombreuses troupes d'ibis. Du fond de ces eaux stagnantes et malsaines émergent des quantités d'arbres abattus ; et, çà et là, j'apercevais une grue solitaire, perchée sur un tronc pourri.

Des plantes aquatiques réunies, enchevêtrées, massées ensemble, flottent comme des îles de verdure, qui s'arrêtent, interceptées par les troncs et les branchages, ou qui descendent lentement le courant, emportant, comme autant de spectres, des grues, des cygognes, des ibis, voyageant sans fatigue sur ces radeaux naturels.

Je n'ai nulle part rencontré autant de moustiques ; nous vivions au milieu de l'abondance, et il aurait fallu des légions d'hirondelles et de martinets pour contrebalancer la puissance de multiplication de ces malfaisants insectes dont l'homme a tant à souffrir.

Partout des marécages plats, des plantes aquatiques aussi variées que curieuses, et, sur les rives, de misérables sauvages absolument nus dans ces marais pleins de moustiques. Combien nous nous trouvions heureuses, en comparant notre sort à celui de ces misérables créatures !

XIII

Le Lion et la Girafe

Une nuit dans les steppes de la Nigritie. — Une attaque nocturne. — Le maître !... — La girafe. — La première girafe amenée en France. — Girafes et antilopes. — Un animal courageux.

Le voyage d'une hirondelle se fait rarement en ligne droite. Qu'est-ce, en effet, pour nos ailes puissantes, qu'un espace de quelques centaines de lieues à franchir !

Nous sommes dans un village des steppes de la Nigritie orientale, et j'entends, pour la première fois, le rugissement du roi du désert !

Le soleil vient de descendre au-dessous de l'horizon ; le pasteur nomade a rassemblé son troupeau dans l'espèce de camp retranché, entouré d'une épaisse palissade, haute de huit à dix pieds, formée de branches de mimosas armées de leur puissantes épines : C'est l'abri le plus sûr qu'il puisse se procurer..

Les ombres de la nuit envahissent peu à

peu le camp où le silence se rétablit ; on n'entend plus que les brebis qui bêlent doucement pour appeler leurs agneaux et les vaches qui ruminent.

Perchées sur les arbres voisins, nous murmurons notre chanson du soir : Quelques-unes de nous voltigent encore autour de l'habitation des pasteurs et glissent, comme des fantômes, au-dessus du troupeau endormi.

Les hommes qui ont achevé leur tâche journalière mettent en liberté une meute vigilante et vont se livrer au repos.

Tout à coup, des aboiements se font entendre ; en un instant tous les chiens sont réunis et les valeureuses bêtes s'élancent dans les ténèbres ; le bruit d'un combat arrive jusqu'à nous : Des aboiements furieux , un concert discordant, un cri enroué, une espèce de ricanement, éclatent dans la nuit ; puis, encore des aboiements qui, cette fois, retentissent joyeusement pour indiquer une victoire.

Une hyène avait rôdé autour du camp, et les courageux gardiens l'eurent bientôt mise en fuite par leur attitude résolue.

Le silence s'était de nouveau rétabli ; les

chiens avaient repris leur garde ; pas un souffle n'agitait la cime des arbres, et le bruit mystérieux du désert me paraissait plein d'harmonie.

Tout à coup la terre paraît trembler ; un
rugissement, semblable au bruit du tonnerre,
est répercuté par tous les échos d'alentour :
Un animal s'avance dans les ténèbres ; son
attitude est calme et fière, son regard majestueux et imposant ; il porte la tête haute et
secoue sa magnifique crinière. Il m'est encore
facile, dans la demi-obscurité qui règne autour
de moi, de suivre tous ses mouvements.

Les brebis se heurtent follement contre la
haie de mimosas, les chèvres bêlent, les vaches
beuglent, les chameaux, frissonnant, font tous
leurs efforts pour briser leurs liens ; les chiens,
ces vaillants défenseurs du troupeau, tout à
l'heure si courageux, viennent, en hurlant,
se réfugier aux pieds de leur maître, qui tremble sous sa tente et comprend l'inutilité de la
résistance.

Un nouveau rugissement, plus terrible que
le premier, éclate auprès du camp : C'est un
tumulte indescriptible.

Que peuvent de pauvres gens armés de

lances contre ce terrible ennemi dont les yeux flamboyants brillent d'un fauve éclat ? Qui peut empêcher le *maître* d'égorger l'animal qu'il aura choisi?

D'un bond prodigieux, le lion franchit la palissade ; sa victime est là : C'est un veau déjà fort qui d'un seul coup de patte est abattu ; les dents puissantes du fauve lui brisent les vertèbres ; fièrement campé sur sa proie, il fait entendre un grondement de satisfaction et fouette l'air de sa queue dont un seul coup peut terrasser un homme. De temps en temps il lâche la pauvre bête agonisante, puis la broie, l'écrase de nouveau jusqu'à ce qu'elle cesse de remuer : Je me rappelle, dans ce terrible moment, le chat de mon hangar, jouant cruellement avec la souris qu'il se propose de dévorer.

Enfin le puissant animal songe à la retraite ; mais est-il possible qu'il emporte sa proie ?...

Il saisit le veau dans sa robuste mâchoire ; il s'élance.... J'entends un bruit sourd, et je le vois fuyant à travers les broussailles, avec l'énorme fardeau qui va constituer son repas !...

La présence du lion avait en quelque sorte suspendu la vie autour du campement ; bê-

tes et hommes étaient paralysés par la terreur ; son départ ramène la confiance, et le
pasteur se soumet avec résignation au prélè-
vement de cette dîme, qu'il considère comme
étant légitimement due au puissant ravisseur.

Quelques jours plus tard, j'assistai à une
chasse du lion, plus émouvante encore ; il s'a-
gissait cette fois d'animaux en liberté...

Parmi les êtres qui fréquentent le désert,
il n'en existe pas de plus curieux que la *girafe* : Sa taille colossale, sa petite tête portée
sur un très long cou, sa démarche majes-
tueuse, sa robe élégante, en font une créature
extraordinaire. Elle a le pelage de la panthère
et quelque chose de la forme du chameau ;
aussi les anciens l'avaient appelée *caméléo-
pard*. On la rencontre, par petites troupes, dans
les belles forêts africaines, et rien ne paraît
plus singulier que de la voir brouter, d'un air
tranquille, des branches de mimosas élevées à
plus de six mètres du sol.

Voici comment un de vos savants (1) raconte l'histoire de la première girafe amenée
vivante en France.

(1) E. G. Saint-Hilaire.

Le pacha d'Egypte, Méhémet-Ali, qui avait déjà donné au roi de fort beaux animaux, tels que l'éléphant d'Afrique, des chevaux arabes, des gazelles , etc., consulta, sur un autre envoi qu'il voulait faire, le consul français ; celui-ci désigna une girafe, et le pacha en fit aussitôt demander dans le Senaar et au Darfour. De pauvres arabes, sur la lisière des terres cultivées entre ces deux grandes provinces, en nourrissaient deux très jeunes avec le lait de leurs chamelles. Elles furent bientôt conduites et vendues au gouverneur du Senaar, qui les envoya en présent à Méhémet-Ali.

Ces girafes firent route d'abord à pied, avec une caravane qui se rendait du Senaar à Siout, ville de l'Egypte supérieure ; ensuite elles furent embarquées sur le Nil, pour être transportées de Siout au Caire. Le pacha les garda trois mois dans ses jardins, voulant leur donner le temps de se reposer et de raffermir leur santé ; puis il les envoya, par la voie du Nil, à Alexandrie, où elles furent remises, l'une au consul de France, et l'autre au consul d'Angleterre.

La Girafe destinée au roi de France fut em-

barquée pour Marseille, sur un bâtiment sarde ;
elle eut à souffrir quelques mauvais temps ;
néanmoins, elle se remit très promptement,
et elle fut placée dans les dépendances de
l'hôtel de la Préfecture, où elle reçut des soins
qui furent efficaces, car elle n'a cessé de jouir,
durant son séjour à Marseille, de la meilleure
santé... Le trajet de Marseille à Paris, pendant la saison rigoureuse, aurait pu la fati-
guer ; on la laissa passer l'hiver à Marseille,
d'où elle ne partit que le 20 mai, voyageant
à pied et à si petites journées qu'elle n'arriva
à Lyon que le 5 juin.

On n'avait jamais vu de girafe en France :
ce n'est pas que l'espèce soit très rare ; mais,
renfermée dans une vaste contrée coupée et
bordée par d'immenses déserts, on a eu continuellement à lutter contre les difficultés de la
sortir de son pays... C'est un animal des
parties centrales de l'Afrique, et tant que
nous ne connaîtrons que quelques points de la
ceinture de cette vaste contrée du monde, une
girafe, en Europe, y intéressera tout autant
par sa rareté que par les singularités de sa
conformation.

Quand les Romains étendirent leurs con-

quêtes en Afrique, ils connurent la girafe et
en ornèrent leurs fêtes triomphales. Son nom
antique *zurapha*, d'où son nom actuel de
girafe, ne vint point jusqu'à eux. Ces farouches vainqueurs auraient craint, en s'enqué-
rant des mœurs et des coutumes étrangères,
d'affaiblir les ressorts de haine et de mépris
qu'ils portaient aux barbares. La girafe passa
de leurs mains, pour la première fois, dans
celles de César, à titre de tribut ; mais leur
orgueil repoussait tout document qui l'aurait
concernée.

Ils la nommèrent donc à leur manière,
l'appelant *camelopardalis*, chameau-léopard ;
ils lui avaient, en effet, trouvé du rapport,
d'abord avec le chameau, par son volume, par
quelques traits de sa physionomie, par son
museau effilé, son long col, ses lèvres prolon-
gées et singulièrement mobiles, etc.., et ensuite, avec la plupart des grandes panthères, par les taches de son pelage.

On trouve, dans les auteurs du moyen-
âge, qu'en 1486, l'Egypte envoya une girafe à un duc de Médicis, maître de Florence.
La girafe de cette époque s'était indentifiée,
quant à ses sentiments du moins, avec tous

les premiers étages des belles maisons de la ville ; elle allait tous les jours prendre un de ses repas des mains des dames florentines, dont elle était devenue la fille adoptive ; ce repas consistait en plusieurs sortes de fruits, de pommes principalement.

Le *bel animal du roi*, c'est le nom donné à la girafe sur toute sa route dans le midi de la France, a été différemment nourri...

La girafe, dans son pays natal, broute les sommités des arbres, préférant les plantes de la famille des mimosas qui y abondent... Ce qui montre qu'elle n'a point renoncé à ses habitudes natives, c'est qu'elle accepte avec bonne grâce les fruits et les branches d'acacia qu'on lui offre. Elle saisit le feuillage d'une façon très singulière, faisant sortir, à cet effet, une langue longue, rugueuse, très étroite et noire, et l'entortillant autour de l'objet qu'elle convoite...

On dit la girafe un animal du désert, et l'on s'étonne ensuite qu'elle y trouve à subsister. Ceci repose sur une fausse préoccupation de l'esprit. Effectivement, comment croire qu'un animal d'un volume aussi considérable se tienne où ne serait pour lui aucune ressource d'alimentation ? Un sol âpre et brûlé du soleil, comme est celui du désert, ne saurait rien fournir, pas plus à la girafe qu'à d'innombrables troupeaux d'antilopes qui s'y trouvent répandus à des heures marquées.

Tous ces animaux sont d'autant plus exigeants sur la nature et l'abondance des pâturages, que leur grande taille rend leur consommation plus considérable. Or, ils trouvent sans difficulté les aliments qui leur sont nécessaires, en se tenant à portée des terres arrosées et, par conséquent, très riches en végétation, lesquelles forment, en Afrique, de très grands espaces, de vastes royaumes ; ils viennent faire curée dans les lieux qu'ils dévastent et qu'ils laissent désolés, apparaissant, comme la grêle dans nos pays, pour tout ruiner sur leur passage. Le désert n'est donc pour ces animaux légers à la course qu'un lieu de refuge, comme sont nos forêts pour les sangliers qui ont ravagé des champs dans les plaines voisines. Le désert, qui procure, en Afrique, de vastes emplacements à horizon fort étendu, est ainsi le lieu que préfèrent, après s'être repus, les girafes et les antilopes, toujours entourées d'ennemis puissants et excités par une faim dévorante : là, ces animaux sont dans un éveil continuel et pleinement efficace ; car, dans le désert, ils voient à une grande distance ; ils ne craignent point d'y être surpris ; là, leur active surveillance, comme la vitesse de leur course, dérangent les combinaisons les plus habiles, et rendent inutiles tous les pièges qui leur seraient tendus. Aussi les lions, qui ont une expérience des ressources qu'on leur oppose, ne perdent-ils point leur peine à des poursuites sans résultat ; ils préfèrent attendre près d'une fontaine où l'on viendra boire, à portée d'une riche prairie où l'on sera tenté d'arriver paître, ou, à l'égard des girafes, auprès d'un fourré de mimosas, dont les sommités seraient une autre sorte de riche pâture. Les lions en embuscade, aidés par d'intelligents associés leurs pourvoyeurs, les caracals, sont plus efficacement servis par le rabat du gibier près du lieu où ils se tiennent cachés ; ils aiment mieux d'un seul bond tomber à l'improviste sur une proie surprise et mise hors d'état d'user de ses dernières ressources.

Cependant, les girafes et les antilopes n'entrent dans leurs abondants pâturages qu'avec une extrême défiance ; de grandes précautions sont opposées à d'industrieuses embuscades, et si elles ne peuvent fuir, les girafes sont prêtes à la lutte. Il est donc un moment critique où les combattants viendront à se rencontrer et à se joindre.

Cette girafe si douce au milieu de nous, qu'elle étonne, à cet égard, les curieux empressés à la contempler, si maniable, si bonne personne, que, dans sa route, elle a permis qu'un jeune moufflon, né pendant le voyage, fit de la grande étendue de son corps le théâtre de ses ébats, de ses jeux enfantins, cette girafe si débonnaire, ai-je dit, dans une rencontre face à face avec le lion, n'est point dénuée de moyens de se défendre : cet animal, que nous observons dans une parfaite quiétude à l'égard de ses gardiens qu'elle distingue, et du public qui ne lui impose en aucune manière, trouve, dans son désespoir et dans le sentiment énergique que lui inspire le besoin de sa conservation, une toute puissance qui peut devenir funeste au plus terrible, au plus redoutable des animaux. Quelquefois, si elle est encore en mesure de fuir, elle rue à la manière des chevaux ; mais elle est plus décidée et plus confiante en ses moyens quand elle emploie les jambes de devant.

Le mouvement de ses jambes antérieures lui est si naturel qu'il se laisse apercevoir chez notre girafe, fort disciplinée par la domesticité. Si on l'approche et qu'on l'irrite, elle soulève et écarte chaque pied de devant ; mais, par un effet de son extrême bonté ou de ses mœurs domestiques, elle réprime aussitôt et annule cette première susceptibilité.

XIV

Chasses émouvantes

Une chasse à la girafe. — Une belle conquête. — Fatigues oubliées. — Encore une belle victime. — La passion du chasseur. — Le lion chasseur de girafes. — Au bord d'une source. — Folle de terreur. — Un splendide coursier. — Dangereux voisin. — Un lion dans une maison.

C'est avec le plus vif enthousiasme que les naturalistes voyageurs ont parlé de la girafe et des difficultés qu'ils ont éprouvées pour atteindre ce royal gibier.

« J'établis mon camp sur le bord d'une rivière, dit un intrépide voyageur français, (1) et je me mis à parcourir la contrée dans l'intention de chercher des girafes et d'en tuer quelques-unes. Je comptais sur ce plaisir pour me dédommager des fatigues que je venais d'essuyer. Je n'atteignais cependant pas le but réel de mes excursions : deux fois déjà j'avais rencontré des girafes, et deux fois elles avaient employé tant de ruses, qu'après avoir été suivies toute la journée, elles avaient fini par m'échapper à la faveur de la nuit. Enfin se leva pour moi le jour que je regarde comme un des plus heureux de ma vie.

» Je m'étais mis en chasse aux premiers rayons du soleil. Après quelques heures de marche, nous aperçûmes, au détour d'une colline, sept girafes, qu'à l'instant ma meute attaqua. Six d'entre elles prirent la fuite ensemble ; la septième, coupée par mes chiens, ne put prendre la même direction ; je la suivis à toute bride ; mais, malgré les efforts de mon cheval, elle gagna tellement sur nous, qu'en tournant un monticule elle disparut à

(1) Levaillant.

ma vue et que je renonçai à la poursuivre. Cependant mes chiens, qui n'avaient point perdu courage, ne tardèrent pas à l'atteindre. Bientôt même, ils la joignirent de si près, qu'elle fut obligée de s'arrêter pour se défendre. Du lieu où j'étais, je les entendais donner de la voix de toutes leurs forces, et ces voix me paraissant venir toujours du même endroit, j'en conjecturai que l'animal était acculé, faisait tête, et aussitôt je piquai dans sa direction. J'eus à peine tourné le monticule que je l'aperçus, entourée des chiens et les tenant à distance. J'approchai, je mis pied à terre, et d'un coup de carabine, je la renversai. Enchanté de mon succès, je revins sur mes pas pour appeler mes gens, et, tandis que je les cherchais, ma girafe s'était relevée, je crus que c'en était une autre que mes chiens attaquaient, et je courus vers elle, mais elle tomba pour ne plus se relever, au moment où j'allais lui tirer un second coup.

» Qui croirait qu'une conquête pareille excita dans mon âme des transports voisins de la folie? Peines, fatigues, besoins cruels, incertitudes de l'avenir, dégoûts du passé, tout disparut, tout s'envola à l'aspect de cette proie nouvelle. Je ne pouvais me rassasier de la contempler; j'en mesurais l'énorme hauteur, j'appelais, je rappelais tour à tour mes gens; et quoique chacun d'eux en eût pu faire autant, quoique nous eussions abattu de plus dangereux animaux, je venais, le premier, de tuer celui-ci; j'en allais enrichir la science, j'allais détruire des romans et fonder, à mon tour, une réalité. Ma girafe mesurait cinq mètres quarante-cinq centimètres, depuis le sabot jusqu'au sommet de la tête. »

. . . .

« Aucune plume, dit un autre voyageur (1) ne pourrait donner une idée du plaisir qu'éprouve le chasseur à passer au milieu d'une troupe de girafes. D'ordinaire, ces animaux se sauvent au travers des buissons épineux, qui mettent en sang les bras et les jambes du chasseur. A ma première chasse, dix girafes passèrent devant moi. Elles galopaient tranquillement, tandis que mon cheval était obligé de prendre son allure la plus rapide pour ne point demeurer en arrière.

» Je n'avais jamais ressenti, dans toute ma

______

(1) Gordon Cumming.

longue carrière de chasseur, une impression
pareille à celle que j'éprouvai à cette vue.
J'étais ravi par cette apparition splendide,
je les suivais comme enchanté, je ne pouvais
croire que je chassais des êtres réels, appar-
tenant à ce monde. Le sol était ferme et dur.
A chaque bond de mon cheval, je me rappro-
chais du troupeau, je poussai enfin au milieu et en séparai la plus belle femelle. Celle-
ci prit la fuite avec rapidité, sautant, galopant,
cassant les branches avec son cou et sa poitrine et en jonchant ma route. A huit pas, je
fis feu, et lui envoyai une balle dans le dos.
Poussant mon cheval plus près d'elle encore,
je plaçai le canon de ma carabine à quelques
pieds de la bête, et lui logeai ma seconde balle
derrière l'omoplate, sans grand effet cependant.
Elle prit le pas ; je mis alors pied à terre,
et me plaçai devant elle, en rechargeant rapidement mes deux coups. La girafe s'étant ar-
rêtée dans le lit desséché d'un ruisseau, je la
tirai dans la direction du cœur ; aussitôt elle
prit la fuite ; je rechargeai et la suivis à
cheval ; elle s'arrêta de nouveau, je descendis
une seconde fois et la regardai avec étonnement. Sa beauté me ravissait ; son œil doux

et foncé, aux cils soyeux, me regardait avec une expression suppliante. Je fus saisi d'horreur du sang que je versais. Mais la passion de la chasse l'emporta ; j'épaulai, et ma balle frappa la girafe au cou. Elle se leva sur ses pattes de derrière, retomba en ébranlant le sol ; un flot de sang noir jaillit de la blessure, elle eut quelques convulsions et mourut. »

Mais il est temps de raconter la chasse émouvante et fantastique dont j'ai moi-même été témoin : Le gibier est encore une *girafe*, et le chasseur est un *lion*.

C'était au bord d'une source perdue au milieu des steppes et ombragée par de grands mimosas. Après une journée brûlante, nous nous étions baignées et désaltérées ; puis, perchées sous les branches touffues, nous attendions le soleil du lendemain pour reprendre notre route vers le Sud.

Le soleil disparaissait à l'horizon lorsqu'un troupeau d'antilope s'avança vers cet endroit, sans doute bien connu, pour se désaltérer.

Le guide de la troupe s'approchait lentement, flairant et écoutant sans cesse. Après chaque pas, il s'arrêtait pour s'assurer que tout était calme et silencieux ; ses yeux brillants cherchaient à percer l'épaisseur des longues herbes de la steppe. Bientôt, sans cause apparente, il se retourna brusquement, frappa du pied le sol, et, suivi de toute la bande, il s'éloigna de la source avec une vitesse incroyable.

Quel pouvait bien être le motif de cette fuite précipitée? Rien ne troublait le silence du désert, et je n'entendais d'autre bruit que les hurlements lointains des chacals et des hyènes.

Cependant, un mouvement imperceptible des herbes attira mon attention, et j'aperçus un énorme lion, sa grosse tête appuyée sur ses pattes de devant qu'il léchait avec une satisfaction visible, indifférent, en apparence, à tout ce qui se passait autour de lui.

Bientôt un petit troupeau de girafes s'approcha à son tour de la source; un grand mâle marche sans hésitation en avant; sa sécurité paraît complète; il n'est qu'à quelques mètres de son plus redoutable adversaire.

Le lion rampe lentement et silencieusement; il calcule son élan. Tout à coup il bondit et tombe brusquement sur les épaules de la girafe qui, éperdue, folle de terreur, tente de

fuir en emportant sur son dos le roi du désert.

Les angoisses mortelles qui s'emparent de
la victime, les blessures terribles qu'elle vient
de recevoir l'arrêtent bientôt dans sa course
désespérée. Des dents formidables s'enfon-
cent dans son cou dont les vertèbres sont
broyées; elle s'abat sous son vainqueur qui
reste un instant couché sur elle, grogne, rugit, bat l'air de sa queue, suit tous ses mouvements, savoure son agonie, et s'abreuve de
son sang !.....

« Dans les roseaux, soudain, un bruit se fait entendre ;
» Le lion rugissant bondit et vient se pendre
» Au cou de l'animal surpris, épouvanté ;
» Il fuit, coursier superbe et plein de majesté!
» Est-il un souverain dont l'écurie étale
» Plus splendide harnais que la selle royale,
» De couleur bigarrée, où siège triomphant
» Le fier roi des forêts emporté comme un faon.

» Il plonge avec délice une dent meurtrière
» Dans la chair palpitante, et sa fauve crinière
» Flotte autour du long cou de son coursier géant ;
» Celui-ci, de terreur éperdu, haletant,
» Dévore en vain l'espace, en vain sa bouche exhale
» Un cri sourd de douleur, et sa vitesse égale
» Du rapide chameau le pas précipité,
» Du léopard sa robe égale la beauté.

» Non, en vain sur le sol où la lune rayonne,
» Sur le sable argenté son pas léger résonne ;

» De leur orbite en vain ses grands yeux égarés
» Sortent demandant grâce, et sur ses flancs zébrés
» Que laboure sans trêve une griffe cruelle,
» C'est en vain que son sang à larges flots ruisselle ;
» Et l'immense désert dans la paix de la nuit,
» Entend battre le cœur de l'animal qui fuit :

» Tourbillonnant dans l'air avec des cris de joie
» Le vautour insolent couve la noble proie ;
» Profanatrice impie, infâme des tombeaux,
» L'hyène ardente accourt ; oubliant les troupeaux
» Où sans danger naguère elle exerçait sa rage,
» La panthère s'empresse, affamée, au carnage :
» De leur terrible roi convoitant le festin,
» Une trace de sang marque à tous le chemin.

» Mais l'effroi les saisit quand leur œil considère
» Sur son trône vivant leur monarque sévère
» Assis, et déchirant de ses ongles aigus
» Son siège délicat et ses coussins charnus :
» La girafe, hélas ! court, mourante, hors d'haleine
» Et courra, tant qu'enfin son cœur manque à la peine.
» Peut-elle, en se cabrant, au mal remédier ?
» Est-ce qu'on désarçonne un pareil cavalier ? » (1).

Tous les voyageurs qui ont parcouru l'A-
frique s'accordent à reconnaître que l'homme
est rarement l'objet des attaques du lion et que
les autres animaux féroces font beaucoup plus
de victimes humaines.

« Un matin, raconte un explorateur, après
avoir passé la nuit couché par terre à la porte
de ma cabane où reposait un nègre, l'homme

(1) Traduction de Ch. Meaux Saint-Marc.

le plus marquant du village, je lui dis que j'avais entendu remuer de l'autre côté de la haie d'épines à l'abri de laquelle j'étais couché ; j'en concluais qu'une partie du bétail devait s'être échappé pendant la nuit.

» — Non, répliqua mon hôte, j'ai vu la trace ce matin, c'était le lion, » et il ajouta que, quelques nuits auparavant, ce lion avait franchi la haie à l'endroit même où j'étais couché, et qu'il s'était emparé d'une chèvre avec laquelle il s'était sauvé par un autre côté de l'étable. Puis, il me montra des restes de nattes qu'il avait arrachés de sa cabane et qu'il avait brûlés pour effrayer l'animal. Je lui demandai comment il avait pu avoir l'idée de me faire coucher précisément en cet endroit.

« — Oh ! reprit-il, le lion n'aurait pas eu l'audace de sauter sur vous. »

Les exemples d'enfants attaqués par des lions sont plus rares encore ; et l'on cite des cas où le redoutable animal a pénétré dans une habitation sans faire de mal à personne.

Un colon de l'Afrique du sud a raconté le fait suivant :

» Ici, dans la maison, était assise ma

femme, les enfants jouaient auprès d'elle, et moi, j'étais occupé à ma voiture, à côtéde l'habitation.

» Tout à coup, en plein jour, un lion énorme vint se coucher, à l'ombre, sur le seuil de la porte. Ma femme, que la peur avait pétrifiée et qui connaissait tous les dangers de la fuite, resta en place, les enfants cherchèrent un refuge sur son cœur. Leurs cris éveillèrent mon attention, j'accours, et vous pouvez vous figurer ma stupéfaction en voyant la porte ainsi barrée.

» L'animal ne m'avait pas aperçu ; mais, comme j'étais sans armes, je ne vis aucune chance de salut. Cependant, je m'étais instinctivement reculé du côté de la maison où se trouvait la fenêtre de la chambre dans laquelle était mon fusil. Par un hasard providentiel, j'avais placé l'arme dans le coin le plus rapproché de la fenêtre, de sorte que je pus l'atteindre du dehors, car la fenêtre eût été trop petite pour me livrer passage ; par un bonheur non moins grand, la porte de la chambre était ouverte et me permettait d'embrasser d'un coup d'œil cette scène terrible.

» Le lion fit un mouvement, peut être pour

sauter ; je n'hésitai plus. Encourageant à voix basse la mère, je visai le front du lion, et la balle, frisant les boucles de cheveux d'un de mes enfants, étendit raide mort le redoutable animal. »

Mais ces histoires de lions me font oublier mon voyage. Et puis, vous seriez peut-être tentés de vous demander comment une hirondelle a été informée de toutes ces choses qu'elle n'a pas vues !..

XV

Le Rhinocéros d'Afrique

Un beau pays. — Le rhinocéros. — Pris au piège. — Victoire facile. — Lutte dangereuse. — Caché dans l'herbe. — Un coup de feu. — Courageux auxiliaires. — Attaque générale. — Blessé à mort. — Un homme en danger. — Un cheval éventré. — Les cornes des rhinocéros.

Rien ne peut donner une idée de la beauté du pays que nous traversions alors ; ce n'était plus l'aspect désolé du désert : Des rivières aux eaux limpides se précipitaient à grand bruit en une suite de cataractes ; de superbes forêts s'étendaient sur leurs bords ; des plantations de palmiers, de bananiers, de dattiers faisaient de cette contrée un immense et splendide jardin : C'est que nous approchions de la région des lacs et nous avions un étonnant exemple de ce que peuvent, pour la végétation, l'eau et le soleil réunis ! Dans les interstices formés des rocs de granit ou de porphyre rouge, croissaient des arbustes magnifiques, des euphorbes gigantesques, des milliers de plantes inconnues ; de tous côtés s'épanouissaient des multitudes de fleurs aux couleurs les plus vives et les plus variées.

De nombreux hippopotames se jouaient dans les eaux, et partout où s'élevait quelque banc de sables, on voyait de monstrueux crocodiles étendus paresseusement au soleil.

Parfois aussi, un éléphant colossal venait se baigner dans l'eau limpide où il se plongeait entièrement, ne laissant apparaître que l'extrémité de sa trompe ; puis il revenait sur la rive, secouait son corps ruisselant, et bientôt disparaissait dans le fourré.

J'avais déjà fait connaissance avec bien des animaux monstrueux et bizarres, lorsque je rencontrai le *rhinocéros*. Cet animal, qui approche de l'éléphant par son volume, paraît beaucoup moins grand parce que ses jambes sont plus courtes. Il est mal bâti, a les oreilles longues, les yeux petits, et se fait remarquer par la corne tantôt simple, tantôt double, qu'il porte sur le nez.

La peau du rhinocéros est excessivement épaisse et son cuir plus dur et plus résistant que celui d'aucun autre animal ; elle est partout plus ou moins couverte d'espèces de grosses verrues, sortes d'incrustations en forme de tubérosités. Cette peau forme sur le cou un gros pli ; un autre bourrelet, qui descend sous les jambes de devant, règne à la jointure des épaules, et il en existe, entre le corps et la croupe, un semblabe qui descend au-dessous des jambes de derrière. On a comparé le tout à un baudrier, ou à une espèce de housse de selle, dont l'animal serait recouvert.

Le rhinocéros d'Asie n'a qu'une corne sur le nez ; le rhinocéros d'Afrique, plus petit, porte deux cornes superposées, et passe pour être le plus féroce.

Nous nous reposions au sommet d'un grand

palmier, lorsqu'un bruit de branches rompues, d'obstacles renversés, nous indiqua qu'un animal de grande taille se dirigeait vers le marais voisin ; il ne tarda pas à paraître, soufflant, grognant avec force, la tête penchée vers le sol, de temps en temps labourant la terre avec sa double corne. Il allait atteindre les touffes épaisses de papyrus qui croissaient au bord de l'eau, lorsque le sol s'effondra sous ses pieds et il disparut dans une excavation profonde, en poussant des grognements de fureur.

Bientôt des nègres, cachés dans les buissons voisins, et qui, sans doute, avaient prévu la chute du monstre, se précipitèrent vers le trou, et, au moyen de leurs lances et de leurs sagayes, mirent à mort l'animal qui faisait de terribles efforts pour échapper au piège dans lequel il s'était étourdiment précipité.

Les peuples de l'Afrique usent souvent de ce stratagème pour s'emparer des grands animaux qu'ils redoutent.

Ils ouvrent, dans les lieux que ces animaux fréquentent, de larges fosses, qui vont en se rétrécissant vers le fond ; ils les couvrent de branches d'arbres et de gazons disposés de telle sorte que rien ne fait supposer la présence du piège. Un pieu dur et pointu a été enfoncé au milieu de l'excavation. Lorsqu'un éléphant ou un rhinocéros passe sur une de ces fosses, la couche de branchages et de gazon s'écroule sous son poids et l'animal, en tombant, rencontre le pieu qui lui transperce la poitrine.

J'avais atteint la Cafrerie et je me reposais sur les rives du Zambèze, lorsque je fus témoin d'une autre chasse au rhinoceros.

Deux de ces animaux paissaient tranquillement au milieu d'une vaste plaine, pendant qu'un groupe de chasseurs, au milieu desquels se trouvaient deux Européens, prenaient de grandes précautions pour les approcher sans être vus ni éventés, ce qui ne semble pas facile. Deux chiens vigoureux étaient tenus en laisse et donnaient des signes d'une grande impatience.

Après avoir fait un long détour pour prendre le dessous du vent, les chasseurs gagnèrent le bord du fleuve dont ils suivirent le cours à l'abri des grands arbres qui le bordaient. Les rhinocéros gardaient l'immobi-

lité la plus complète ; et on les eût pris pour
deux blocs de granit si de temps en temps
ils n'avaient relevé la tête pour porter le nez
au vent, et jeter un coup d'œil en arrière
pour veiller de toutes parts à leur sûreté.

Bientôt un des indigènes, armé de son fusil, se coucha dans l'herbe et se mit à ramper sur le ventre, comme un serpent, dans la
direction des animaux, pendant que ses compagnons se rendaient, par des détours, aux
différents postes que leur indiquaient les hommes blancs ; les chiens restaient cachés derrière un épais buisson.

Le nègre avançait lentement et avec tant
de précautions qu'on ne voyait pas remuer
un brin d'herbe autour de lui ; cependant les
mouvements d'observation et de crainte des
animaux devinrent plus fréquents ; mais chaque fois qu'ils tournaient la tête, le chasseur prenait une attitude telle qu'il ressemblait à un éclat de roche. Ce manège continua jusqu'à ce qu'il fut arrivé derrière une
grosse touffe d'euphorbe formant un buisson
où il pouvait se cacher en se relevant.

Après s'être assuré d'un coup d'œil que
tous ses camarades étaient à leur poste, il se

prépara à tirer ; il attendit que le plus gros des rhinocéros se détournât ; il l'ajusta à la tête et fit feu. Blessé du coup, l'animal poussa un cri effroyable et, suivi de son compagnon, courut avec fureur vers le lieu d'où le bruit était parti.

Je m'attendais à voir les deux monstres renverser le buisson, écraser le malheureux chasseur et le mettre en pièces ; mais il s'était couché à plat ventre, et la ruse lui réussit ; les animaux passèrent près de lui sans l'apercevoir et s'élancèrent en ligne droite vers l'un des Européens.

Les chiens, excités par le coup de fusil et ne pouvant plus être contenus, furent détachés et lâchés contre les rhinocéros, qui, à leur vue, firent un crochet et allèrent donner dans une embuscade où ils essuyèrent plusieurs coups de feu ; les chiens, de leur côté, les harcelaient à outrance, ce qui accroissait encore leur rage. Ils détachaient contre les courageuses bêtes des ruades terribles ; ils labouraient la plaine de leurs cornes et y traçaient de profonds sillons ; ils lançaient autour d'eux une grêle de pierres et de cailloux.

Pendant ce temps, le cercle des chasseurs

se rétrécissait afin de les cerner de plus près. Ce grand nombre d'ennemis dont ils se voyaient entourés les mit dans une fureur inexprimable. Le plus gros, celui qui était blessé, s'arrêta et fit tête aux chiens pour les attaquer et les éventrer ; mais, pendant qu'il les poursuivait, son compagnon se détacha de lui, gagna au large, et disparut derrière un buisson.

Cette fuite parut n'être pas désagréable aux chasseurs qui, malgré leur nombre et leurs armes, couraient de grands dangers en présence de deux adversaires aussi formidables.

Les traces de sang que le blessé laissait sur son passage annonçaient qu'il avait reçu plus d'une blessure ; mais il n'en mettait que plus de rage à se défendre.

Cependant, après quelques instants d'une attaque forcenée, il battit en retraite, avec l'intention visible de s'appuyer contre un buisson pour n'avoir plus à se défendre que par devant.

Le chasseur blanc devina sa ruse ; il se jeta vers le buisson, en faisant signe à deux autres tireurs de s'y porter aussi : Ils le visèrent tous trois en même temps, lâchèrent leurs trois coups à la fois, et l'animal tomba pour ne plus se relever.

Les chasseurs poussèrent un cri de triomphe.

Quoique blessé à mort, le rhinocéros, couché à terre, se débattait comme il l'avait fait debout. Ses pieds lançaient autour de lui des monceaux de pierres, et personne n'osait l'approcher.

On lui épargna les tourments de l'agonie en lui envoyant une dernière balle.

Aussitôt les nègres se précipitèrent sur la monstrueuse victime et recueillirent son sang, auquel ils attribuent la propriété de guérir une foule de maladies.

La chasse du rhinocéros est souvent fort dangereuse.

» Au retour d'une chasse à l'éléphant, raconte le célèbre voyageur Anderson, je vis, à une faible distance, un grand rhinocéros blanc. Je montais un excellent cheval de chasse, le meilleur que j'aie jamais possédé. J'avais l'habitude de ne point chasser le rhinocéros à cheval, car on peut l'approcher bien plus facilement lorsqu'on est à pied. Cette fois, cependant, il me semblait que le sort en décidait autrement.

» Me tournant vers mes compagnons :

» — Par le ciel, m'écriai-je, le camarade a une bien belle corne ; je veux le tuer.

» Aussitôt, j'éperonnai mon cheval, j'eus bientôt rejoint l'animal et lui logeai une balle dans le corps, mais sans le blesser mortellement.

» Au lieu de prendre la fuite comme d'ordinaire, le rhinocéros resta immobile, à ma grande stupéfaction ; puis tout à coup se retourna, et après m'avoir considéré un moment, s'avança lentement vers moi. Je ne pensais pas à prendre la fuite, néanmoins je cherchai à éloigner mon cheval.

» Mais lui, d'ordinaire si docile, qui obéissait à la plus légère secousse des rênes, refusa de bouger, et quand il le fit, il était trop tard ; le rhinocéros était tout près ; une rencontre était inévitable.

» Je le vis baisser la tête, puis la relever brusquement, en enfonçant sa corne entre les côtes de mon cheval, et avec une telle violence qu'elle lui transperça le corps, la selle avec, et que j'en sentis la pointe acérée pénétrer ma jambe. La force de ce coup fut telle, que le cheval fit une véritable culbute, les jambes en l'air, et tomba sur le dos.

» Pour moi, je fus violemment lancé à terre, et à peine étais-je tombé que je voyais près de moi la corne de l'animal ; mais sa fureur était calmée, sa vengeance assouvie. Il quitta au petit galop le théâtre de ses exploits.

» Mes compagnons étaient arrivés sur ces entrefaites. Courant à l'un d'eux, je pris son cheval, je sautai en selle, et, sans chapeau, le visage plein de sang, je m'élançai à la poursuite de l'animal.

» Quelques instants après, je le voyais, à ma grande joie, étendu à mes pieds. »

On rencontre souvent, en compagnie du rhinocéros, un oiseau qui presque toujours l'accompagne et lui sert de sentinelle. Ce petit compagnon de l'énorme animal se nourrit de la vermine qui pullule sur son corps.

La corne simple ou double du volumineux pachyderme est placée plus avantageusement que celles des ruminants : Elle défend toutes les parties antérieures du museau et préserve le muffle, la bouche et la face, en sorte que le tigre s'attaque plus volontiers à l'éléphant dont il saisit la trompe, qu'au rhinocéros qu'il ne peut coiffer sans risquer d'être éventré.

Cette corne était d'un très grand prix chez les anciens, qui attachaient à sa possession toutes sortes d'idées superstitieuses.

Ils prétendaient que lorsqu'elle était fendue, on y voyait mille figures plus merveilleuses les unes que les autres : des hommes, des oiseaux, des bœufs, des antilopes, etc.; les princes s'en servaient pour orner leurs baudriers et décorer leurs trônes ; on en fabriquait des colliers et des manches de couteaux à l'usage des souverains. Ces manches de couteaux avaient la propriété de suer à l'approche d'un venin ou d'un poison quelconque.

On creusait ces cornes précieuses en forme de coupes, dans lesquelles le vin et les autres breuvages bouillonnaient et entraient en effervescence lorsqu'ils étaient empoisonnés.

Ces ustensiles sont encore employés dans le Levant. Les Turcs de haut rang porte sur eux une petite tasse en corne de rhinocéros ; en cas douteux, ils la font remplir de café.

Lorsqu'un de ces personnages rend visite à quelqu'un dont il se méfie, il fait emplir sa tasse du breuvage qu'on lui offre en signe d'amitié ; et son hôte, qui en fait autant en pareille occasion, ne se formalise pas de cette épreuve.

XVI

L'Afrique australe

Un gentil compagnon. — Végétation vigoureuse. — Cafres et Zoulous. — Les Boërs. — Les Béchuanas. — Le Hopo. — Une chasse miraculeuse. — Nombreuses victimes. —La pêche. — Les Bushmens. — Chasseurs intrépides. — Eléphants et lions. — Le mirage.

Quoique le moineau ne soit pas précisément l'ami de l'hirondelle, je veux vous faire connaître un petit oiseau qui est à l'Afrique ce que le moineau est à l'Europe.

Je l'ai partout rencontré depuis le point de rencontre du Nil-Blanc et du Nil-Bleu jusqu'au Zambèze. Il ne manque dans aucun des villages de la Nubie, de la Nigritie, du Zanguebar et de la Cafrerie ; c'est un bon petit compagnon, point querelleur, qui aime et recherche la société des autres oiseaux.

Le *sénégali nain*, *sénégali rouge*, ou *petit sénégali*, est un charmant oiseau qui n'a pas plus de seize centimètres d'envergure. Le mâle a un plumage splendide : la partie supérieure de la tête, la partie postérieure du cou, le dos, les ailes sont d'un brun foncé passant au noir vers la queue ; la face, la partie antérieure du cou, la poitrine, le croupion, sont d'un rouge carmin ; le ventre est brun clair ; les côtés de la poitrine et du croupion sont semés de petits points blancs ; le bec et les pattes sont rouges. La livrée de la femelle et celle des jeunes est moins brillante.

Ces gentils oiseaux sont si communs qu'on en rencontre parfois, près des villages, des bandes innombrables ; ils se répandent aussi loin des habitations, dans les steppes et dans les montagnes. Ils sont remarquables, non-seulement par la beauté de leur plumage, mais encore par leur insouciante gaîté et la grâce de leurs mouvements.

Toujours agités, ils voltigent de branche en branche, grimpent rapidement le long des troncs d'arbres, courent avec agilité sur le sol ; c'est à peine si, pendant la plus forte chaleur de cette zone tropicale, ils cherchent sous le feuillage épais des arbres verts un abri contre les rayons brûlants.

On trouve beaucoup de ces mignons sénégalis chez les oiseleurs d'Europe ; ils captivent infailliblement l'amitié de tous ceux qui ont appris à les connaître.

Si jamais vous êtes possesseur d'un couple de ces charmants exilés, adoucissez le plus possible la rigueur de leur captivité, en mémoire de votre vieille amie l'hirondelle.

Me voilà dans l'Afrique Australe : J'établis mon quartier général au Cap, où je dois rester plusieurs mois ; mais je ne veux pas me renfermer dans les limites de la Colonie. De temps en temps, j'explore d'immenses contrées, et je reviens me reposer sous le toit hospitalier d'une maison à laquelle je trouve quelque ressemblance avec celle que j'ai laissée là-bas, bien loin, dans ma patrie.

Les pays que je viens de parcourir à l'est du Cap, sont traversés par des montagnes qui donnent à la végétation une vigueur particulière, bien appropriée au climat qu'elle doit subir. Insensible à la chaleur et à la sécheresse, cette végétation couvre les croupes des monts de forêts surprenantes, dont les proportions gigantesques remplissent d'étonnement et d'admiration. La verdure y semble défier l'action du soleil brûlant des tropiques.

Dans ce milieu privilégié s'est développée la race puissante des Cafres et celle des Zoulous. Bien constitués, bien proportionnés, le corps élancé, ces peuples semblent avoir un sentiment profond de leur supériorité ; ils montrent plus d'énergie et plus d'audace que les autres naturels qui les entourent. Ils ont le port noble, le front élevé comme les races européennes, dont ils ne diffèrent que par la couleur noire de leur peau et la nature particulière de leur chevelure laineuse.

La région voisine est d'un tout autre aspect : A peine quelques ondulations de terrain dans des plaines à perte de vue ; quelques rares ruisseaux, pas de rivières ; un soleil torride, sur un sol infécond désolé par des sécheresses périodiques ; tels sont les principaux caractères de ce pays. Les habitants, plus doux, plus timides et plus sédentaires que leurs voisins, sont en butte à l'oppression des Boërs et quelquefois aux invasions des Cafres.

Les Boërs sont des fermiers ou colons, autrefois établis au Cap, et qui, ruinés par l'abolition de la traite des nègres, se sont retirés dans les montagnes de Cashan et de Magaliesberg. Quand ils pénétrèrent pour la première fois dans les montagnes, les Béchuanas les accueillirent avec empressement, comme des guerriers supérieurs et d'utiles auxiliaires ; ils ne tardèrent pas à s'en repentir, car ils ne rencontrèrent que l'esclavage là où ils avaient espéré trouver une protection efficace contre leurs ennemis.

Les Boërs accablent de corvées les malheureux indigènes. Ce sont eux qui fument les terres, sarclent les champs, font la moisson, construisent les bâtiments, creusent les canaux, établissent les écluses. De temps à autre, les envahisseurs descendent dans le village des Bechuanas ; ils requièrent, d'autorité, vingt, trente femmes ou davantage pour mettre leurs cultures en état. Les malheureuses se rendent sur les lieux, emportant leur nourriture sur leur tête, leurs enfants sur leur dos, leurs instruments de travail sur leurs épaules.

« Nous les faisons travailler, disent les

Boërs, mais, en retour, nous leur permettons d'habiter en sécurité *notre* pays !.. »

Ces farouches colons habitent tous une ferme, au milieu de pâturages et de champs cultivés ; ils ont de nombreux troupeaux de bœufs, de moutons et de chèvres, mais ils ne peuvent élever les chevaux qui meurent vite dans cette région.

Entre le lac N'gami et le fleuve Orange, se trouve un espace singulier, que l'absence d'eau courante a fait nommer le désert de Kalahari. Ce pays étrange n'en a pas moins ses habitants, sa végétation particulière, ses arbres assez élevés, et une multitude d'animaux que la soif amène souvent chez les peuplades établies sur la limite du désert.

Les indigènes font alors des chasses véritablement miraculeuses, au moyen d'un piège qu'ils appellent le *hopo*. L'une de ces chasses étonnantes dont j'ai gardé le souvenir, a produit sur moi l'impression la plus vive.

Depuis quelque temps, les nègres avaient remarqué que les buffes, les zébus, les girafes, les antilopes de toute espèce fréquentaient une fontaine voisine de leur village.

Ils construisirent sur la route, à environ quinze cents mètres de la fontaine, deux espèces de palissades en face l'une de l'autre, inclinant progressivement jusqu'à un point de jonction qu'ils laissèrent libre. Là, ils improvisèrent un chemin conduisant, au bout de cinquante ou soixante mètres, à une fosse de cinq ou six mètres carrés et de trois mètres de profondeur. De chaque côté de la fosse, des troncs d'arbres accumulés, dissimulés sous des monceaux de roseaux et d'herbes, formaient un parapet qui rendait impossible la retraite aux victimes qui s'étaient engagées dans le piège.

Dès que ces préparatifs furent terminés, toute la tribu se mit sur pied, entourant un espace très étendu et se resserrant peu à peu en cercle autour de l'allée fatale. Le gibier, ainsi rabattu, fut poussé, par les cris des indigènes, jusqu'au bord du hopo.

Là, des chasseurs placés en embuscade lançaient sur le troupeau effarouché des javelines, et tous les animaux se précipitèrent en tumulte dans le passage ouvert devant eux.

Effrayées par le bruit qui allait croissant, surexcitées par les blessures faites par les javelines, les malheureuses bêtes se poussent les unes les autres, arrivent à la fosse, y tombent en se débattant, s'empilent, s'écrasent, jusqu'à ce que le piège soit asez plein pour permettre aux retardataires d'échapper à la mort, en passant sur le corps de leurs compagnons.

C'était un spectacle épouvantable : Les cris, les beuglements, les hurlements, les efforts inouïs pour se dégager, formaient un effroyable et lugubre concert. Bientôt le silence se rétablit, lorsque toutes les victimes eurent péri, étouffées les unes par les autres.

La prise fut répartie en portions égales entre tous les membres de la tribu : chaque famille avait des vivres pour longtemps.....

La plaine immense est entrecoupée, par intervalles, par le lit desséché de quelques rivières ; le sol, d'un sable doux, est recouvert, en certains endroits, d'une épaisse couche de terre d'alluvion, que le soleil a durcie et préparée, en quelque sorte, pour former de grands réservoirs naturels où les eaux des pluies se conservent pendant l'époque de la sécheresse. L'herbe, d'une végétation luxuriante, y croît par touffes épaisses, par oasis, et les intervalles se remplissent de plantes rampantes, que leurs racines, enfoncées profondément dans le sol, préservent des effets désastreux de la chaleur.

Pendant la saison des pluies, une espèce de melon d'eau couvre la terre et apporte un peu de bien-être aux hommes et aux animaux : Les éléphants, les rhinocéros, les antilopes, les lions, les hyènes, les chacals, s'en font un véritable régal.

A mesure qu'on s'enfonce vers le nord, les rivières reparaissent, quelques-unes, en partie desséchées ; d'autres, grandes, fraîches et riantes : Avec elles, on retrouve les arbres géants de l'Afrique, les baobabs, qui atteignent plus de vingt mètres de circonférence, les grands palmiers, les gommiers, les *mokuchongs*, dont les indigènes fabriquent leurs pirogues.

Les poissons descendent par bancs dans les filets des naturels ; l'un d'eux, le *mosalu*, est si gros que, placé sur l'épaule d'un homme, sa queue touche à terre : C'est l'anguille de la contrée, singulièrement constituée pour vivre longtemps en dehors des rivières. Sa tête énorme lui sert de réservoir, et quand sa provision d'eau est faite, elle peut impunément passer plusieurs mois dans la vase desséchée.

Les habitants du pays estiment beaucoup la chair d'un serpent qui vit dans les rivières ; il est brun foncé, tacheté de jaune ; c'est une sorte de grande couleuvre.

La pêche a lieu tantôt avec des filets fait de fibres *d'hibiscus cannabinus*, plante de la famille des malvacées, tantôt à la lance, sorte de javeline qui leur tient lieu de harpon. Les canots de pêche sont de simples radeaux fabriqués avec les joncs de la rivière réunis en paquets, au moyen de fibres de certaines plantes.

J'ai retrouvé, au milieu du désert, les restes des populations primitives du Cap. Leur langage, leurs habitudes, leur aspect, tout en fait des êtres à part au milieu des tribus nègres : Ce sont les Bushmens. Leur type s'approche tellement de certaines espèces de singes qu'on a voulu y voir la transition entre l'animal et l'homme.

Ces Bushmens aiment le désert par instinct ; les plaines sablonneuses où ils vivent sans maîtres, mais non pas sans ennemis, plaisent à leur sauvage indépendance. Ils ne sont pas cultivateurs, et rarement pasteurs : la chasse des animaux sauvages suffit à leurs besoins ; et ils se sentent à l'aise au milieu des plus dangereux et des plus féroces. Ils en connaissent les mœurs, les ruses, les habitudes ; ils se mettent à leur piste lors des grandes migrations ; ils les surprennent, les tuent et les mangent sur place.

Quant le gibier fait absolument défaut, ils se contentent de quelques fèves, de quelques racines, de quelques fruits sauvages.

Ils connaissent à fond toutes les ressources du singulier domaine qu'il serait bien difficile de leur disputer, ce qui ne les empêche pas de redouter de s'y voir troubler par d'indiscrets étrangers. Ils savent, par expérience, que tous les explorateurs humains ne sont ni aussi discrets, ni aussi désintéressés que les petites hirondelles.

Aussi, comme l'eau, élément indispensable de la vie, est le bien le plus précieux dans ce pays de la sécheresse, ils en cachent soigneusement les sources ; et, quand ils l'ont puisée et qu'ils l'ont enfouie sous terre, enfermée dans des œufs d'autruche, ils ne la montrent à personne, et ne font connaître les précieux dépôts que contraints par la violence.

Ils ont fait entendre aux peuplades voisines qu'ils pouvaient vivre sans boire ; et ils leur inspirent une terreur superstitieuse qui est, peut-être, leur meilleure garantie d'indépendance et de sécurité.

Quelque chétifs qu'ils soient en apparence, les Bushmens ne reculent devant aucun animal, si grand et si féroce qu'il soit ; ces misérables créatures tuent des éléphants en grande quantité.

Ils se mettent ordinairement en campagne à l'époque de la pleine lune, à cause de la fraîcheur des nuits.

Ils attaquent l'énorme bête avec une lance, au moment où, après l'avoir chargée, elle s'arrête tout essoufflée ; cette chasse est la plus grande preuve de courage qu'on puisse donner dans ce pays. Ils se font quelquefois aider par des chiens dont les aboiements mettent l'éléphant hors de lui, et les pauvres sauvages rient de son impuissance, quand, éperdu de colère, désespérant d'atteindre ces agiles assaillants, il se couche par terre au pied d'un arbre, y appuie sa tête, comptant le renverser sous cet effort, et, par sa chute, écraser d'un seul coup toute la meute.

Les Bushmens n'hésitent pas davantage lorsqu'il s'agit d'un lion dont la présence a effarouché le bétail et l'a dispersé. Ils s'élancent sur les traces du roi des forêts, le suivent à travers les broussailles jusqu'au moment où la panique est apaisée et les pauvres bêtes calmées.

Lorsqu'un lion s'est complètement repu, ils suivent sa trace sans faire le moindre bruit et le surprennent au milieu de son sommeil. L'un d'eux s'arrête et lui décoche une flèche empoisonnée, tandis que son compagnon jette adroitement son manteau sur la tête de l'animal qui, surpris, terrifié, s'enfuit en bondissant.

Pour empoisonner leurs flèches, ils emploient les entrailles d'une espèce de chenille : ils les écrasent, en entourent la partie inférieure du fer de leurs flèches, et les font sécher au soleil. La douleur que produit une blessure de ce genre est si vive que le lion se roule et se déchire ; il rugit, devient furieux, mord les arbres et la terre avec une frénésie convulsive, et bientôt expire.

Ce qu'il y a de plus à redouter pour qui-conque traverse les déserts africains, le Soudan, aussi bien que le Balahari, c'est le mirage.

Dans ces vastes solitudes où l'imagination, surrexcitée par les nécessités du moment, est dans toute sa force créatrice de fantasmagories bizarres, le mirage apparaît toujours sous un aspect des plus merveilleux.

C'est la soif qui est le besoin impérieux du moment : Les lacs ne manquent pas d'apparaître sous ce ciel de feu, dans l'immensité du désert. Comment croire à une illusion ?.. On en voit la surface agitée, les vagues soulevées ; les arbres y apparaissent avec leurs ombres mises en mouvement par le souffle des vents.

Quel spectacle alors s'offrait à ma vue ! Les sauvages babitués aux aspects du désert, les animaux eux-mêmes trompés par les apparences, pêle-mêle se précipitaient à la source entrevue à travers l'illusion du désir et la fièvre du besoin !..

XVII

Les Autruches

L'hirondelle du Sénégal. — L'autruche; ses habitudes; ses mœurs. — Un oiseau glouton. — Un musée dans un estomac. — Le nid de l'autruche. — Une autruche qui chasse à l'arc. — Route vers le Nord. — Le lac N'gami. — La chasse aux éléphants.

L'*hirondelle du Sénégal*, remarquable par sa grande taille, est répandue dans toute l'Afrique. Le plumage supérieur de son corps est d'un bleu noir, brillant, avec le croupion et le cou d'un brun roussâtre clair; le plumage inférieur est d'un brun roussâtre, avec la gorge plus claire que le ventre.

J'ai rencontré, au Cap et dans les environs, des espèces voisines et peut-être de simples variétés de cette hirondelle, dont les mœurs sont absolument identiques aux nôtres.

L'hirondelle du Sénégal habite, de préférence, les steppes et niche dans les troncs creux des adansonias ou baobabs.

C'est aussi dans les grandes plaines dont j'ai parlé précédemment que se plaisent les *autruches* ; leur préférence pour les endroits découverts les y amène en grand nombre.

L'*autruche* est un véritable enfant du désert, et, « s'il est permis de comparer deux animaux de deux classes différentes, on peut dire que l'autruche est le chameau transformé en oiseau. »

Le plumage de ces oiseaux varie suivant les sexes : Le mâle a les plumes du corps noires, tandis que celles des ailes et de la queue sont d'un blanc éclatant ; le cou est rouge ; les cuisses, couleur de chair, le bec, jaunâtre.

Chez la femelle, le plumage du corps est d'un gris-brun tirant sur le noir vers la queue et les ailes, qui sont d'un blanc sale. La livrée des jeunes ressemble à celle de leur mère. Mais ce qu'il y a de véritablement remarqua-ble, c'est la grande taille de cet oiseau, qui atteint jusqu'à plus de deux mètres, cinquante centimètres de hauteur.

Les autruches habitent tous les déserts de l'Afrique et, de préférence, ceux qui renfer-ment quelques oasis ; elles s'y rencontrent quelquefois en troupes considérables. Le voisinage d'une source est une des premières conditions que réclament ces oiseaux pour s'établir dans une localité ; on a remarqué qu'ils se rendent toujours par la même route à leur abreuvoir accoutumé, formant ainsi de véritables sentiers qu'on croirait, dans ces contrées désertes, avoir été foulé par le pied des hommes.

L'autruche ne vole pas ; ses ailes rudimentaires seraient bien incapables de supporter le poids de son corps ; mais, la rapidité de sa course est véritablement surprenante et dépasse la vitesse du meilleur cheval.

« Lorsque l'autruche est en pleine course, son cou est obliquement tendu en avant, et ses ailes s'agitent en même temps que les sacs aériens se gonflent, de manière qu'étant suspendue, pour ainsi dire, entre l'air et la terre, l'équilibre est parfaitement maintenu, et qu'il ne se manifeste point de balancement d'un côté à l'autre, quoique sa marche soit une espèce d'amble. L'impulsion de l'une ou de l'autre des ailes facilite aussi les conversions brusques et fréquentes qu'opère l'au-

truche à droite ou à gauche, pour échapper
à ceux qui la poursuivent (1). »

Sa vue est le plus parfait de tous ses sens ;
son œil est beau et son pouvoir visuel si
puissant qu'il s'étend à une distance de plus
de huit kilomètres, de telle sorte que l'autruche voit presque toujours son ennemi
avant qu'il se doute de sa présence. Elle est
très défiante, mais peu intelligente : A chaque apparition qui ne lui est pas familière,
elle fuit à toutes jambes, sans chercher à cal-
culer le danger, et l'animal le plus inoffensif
lui cause le plus grand effroi. Cependant,
elle se réunit aux zèbres, si prudents et si
rusés, et tire profit de leur présence.

L'autruche vit principalement de subs-
tances végétales, mais ce régime n'est pas
exclusif : En liberté, elle se nourrit d'herbes,
de grains, d'insectes, de mollusques, de serpents, de lézards, de grenouilles, etc.. En
captivité, elle avale tout ce qui se trouve à
sa portée :

Un fragment de brique, un morceau d'é-
toffe, une pierre, un clou, une clef, un pa-

(1) Gosse.

quet d'étoupes, passent dans son estomac avec autant de promptitude qu'un morceau de pain.

On a trouvé, dans l'estomac d'une autruche qu'on disséquait divers objets pesant ensemble 4,228 grammes : Il y avait du sable, des étoupes, du linge, trois morceaux de fer, neuf pièces de billon, une charnière en cuivre, deux clefs, dix-sept clous de cuivre, vingt clous de fer, des balles de plomb, des boutons, une sonnette et beaucoup d'autres objets.

Tout le monde connaît la mésaventure de cet habitant de Saint-Quentin, qui, dans une exhibition d'autruches, s'était imprudemment approché de l'une d'elles en étalant sur sa poitrine une belle chaîne en or, et qui vit, à sa stupéfaction profonde, disparaître la chaîne et la montre dans l'œsophage de l'animal glouton.

Le nid de l'autruche n'est rien plus que la surface du sol où elle dépose ses œufs sans aucun apprêt ; plusieurs femelles pondent dans le même nid, et c'est ordinairement le mâle qui couve, pendant la nuit. Le jour, les œufs sont abandonnés pendant plusieurs heures, après avoir été recouverts de sable. Ces œufs varient de volume, mais les plus petits sont encore monstrueux : Ils pèsent, en moyenne, 1,442 grammes, ce qui égale le poids de vingt-quatre œufs de poule. Voyez-vous, d'après cela, ce que serait, à côté d'un œuf d'autruche, l'œuf de la pauvre petite hirondelle! Ces œufs ont la coquille brillante, dure et épaisse, et ils sont d'un blanc jaunâtre, marbré de jaunâtre clair. Le jaune en est, dit-on, très savoureux.

Les jeunes autruches éclosent après six à sept semaines d'incubation, et elles quittent aussitôt le nid ; elles ressemblent alors plus à des hérissons qu'à des oiseaux : Leur corps est couvert d'appendices cornés comme les piquants des hérissons. Elles courent avec agilité comme de jeunes poussins et recherchent elles-mêmes leur nourriture ; à quinze jours, elles pourraient déjà se passer de leurs parents.

Pendant l'incubation, l'autruche veille sur ses œufs avec sollicitude ; elle marche hardiment contre de faibles ennemis, et a recours à mille ruses pour échapper aux plus forts.

J'ai rencontré une famille d'autruche qui

était poursuivie par des cavaliers ; ces oiseaux fuyaient rapidement, les femelles en tête, puis les jeunes, et, à quelque distance en arrière, le mâle qui couvrait la retraite.

Quand il vit que les cavaliers gagnaient du terrain, le mâle changea tout à coup de direction, pour attirer sur lui tout le danger ; il activa sa course, laissa pendre ses ailes qui touchaient presque le sol, tourna autour des chasseurs en cercles qui allaient toujours se rétrécissant, et finit par arriver à portée des armes à feu. Ils tirèrent sur lui, le crurent blessé et s'avancèrent dans sa direction. Mais sa manœuvre n'était qu'une ruse : A mesure que les chasseurs approchaient, il se relevait doucement. Bientôt il partit comme un trait et alla rejoindre les femelles et les jeunes, qui étaient désormais hors de danger.

Un jour, je vis une autruche immobile au milieu d'une vaste plaine ; elle tournait la tête avec une sorte d'inquiétude, dans toutes les directions, et semblait vouloir attirer l'attention d'une petite troupe de ses compagnes que j'apercevais à une assez grande distance. Bientôt, en effet, le troupeau s'élança à la rencontre de la solitaire, dont l'attitude

et l'immobilité me paraissaient bizarres ;
mais, chose plus singulière encore, lorsque
l'intervalle qui les séparaient ne fut plus que
d'une trentaine de mètres, l'une d'elles tomba
comme foudroyée, et les autres s'éloignèrent
de toute la rapidité de leur course en donnant
des signes de la plus grande épouvante.

J'avais suivi du regard cette fuite précipitée, et lorsque mes yeux se reportèrent
vers l'autruche solitaire, je vis un bushmen
debout auprès de l'oiseau mort ; il tenait son
arc à la main, et je distinguai, à quelques pas
de lui, la dépouille d'une autre autruche.

J'eus bientôt l'explication du fait qui m'a-
vait tant intriguée : Les bushmens se dégui-
sent en autruches, afin de pouvoir mieux
tromper ces oiseaux et les approcher de plus
près. Pour cela, ils remplissent d'herbes une
espèce de double coussin, qu'ils façonnent en
forme de selle et qu'ils revêtent de plumes.
Sur un bâton, entouré de paille, ils dispo-
sent le cou et la tête d'une autruche ; puis,
les jambes peintes en blanc, cette espèce de
selle sur le dos, le cou d'autruche dans la
main droite, son arc dans la main gauche, le
sauvage chasseur s'avance vers le troupeau

qu'il a découvert, retourne la tête de tous côtés, comme le fait l'oiseau, secoue de temps en temps sa selle emplumée, et parvient ainsi à tromper les autruches.

Ordinairement, les bushmens chassent l'autruche à l'affût; ils se portent près de son nid ou près de l'endroit où elle vient s'abreuver.

Quand ils sont en nombre, ils entourent un troupeau de ces oiseaux, puis ils l'effrayent en faisant grand bruit et le rabattent, aidés de leurs chiens, vers un cours d'eau.

Si les autruches redoutent d'être cernées, elles s'enfuient du côté d'où vient le vent, quels que soient les inconvénients qu'il y ait pour elles à prendre cette direction.

Lorsque les chasseurs en surprennent dans une vallée ouverte, ils se mettent en ligne du côté du vent, et l'oiseau, habitué à ne compter que sur la rapidité de sa course, va aussitôt se jeter tête baissée dans le piège; il entraîne, dans sa course folle, tous les animaux d'alentour, habitués à s'en rapporter à ses défiantes précautions pour leur sécurité particulière. Les chasseurs l'accueillent avec leurs javelines barbelées.

Quelquefois, impatientée par les chiens, elle se retourne et brise d'un coup de patte les reins de l'un de ses trop audacieux assaillants.

Les Arabes chassent l'autruche à cheval, et leurs coursiers les plus rapides seraient impuissants à vaincre la vitesse de l'oiseau, sans les expédients et les ruses employés par les chasseurs. . . . .

. . . .

Le moment était venu de reprendre la route du Nord : Après avoir de nouveau traversé le Kalahari, j'arrivai sur les bords de la Zouga. Ce cours d'eau est constamment sillonné par des canots dont la forme rudimentaire donne une singulière idée de l'industrie des propriétaires. Ces embarcations grossières, creusées dans un tronc d'arbre, conservent toutes les formes capricieuses que peut affecter le tronc qui sert de matière première. Et pourtant, les naturels n'ont rien de plus précieux que ces canots qui sont tout à la fois leurs moyens de transports et leurs asiles contre toute espèce de dangers et d'ennemis : Ils y dorment ; ils y font du feu et y préparent leur nourriture. — « A terre, disent-ils, nous avons à craindre les lions, les hyènes, les panthères, les serpents et surtout nos voisins; dans nos pirogues, abritées par les grands roseaux et perdues sur une rive presque inaccessible, aucun danger ne peut nous atteindre.

C'est en suivant le cours de la Zouga, que j'arrivai sur les bords du lac N'gami, connu depuis longtemps, mais que les difficultés du voyage rendent presque inaccessible : C'est une grande et belle nappe d'eau, peu profonde, sujette à des crues annuelles, assez considérables et assez promptes pour que les eaux entraînent dans leurs cours les animaux de la rive et les arbres dont les bords vaseux sont souvent jonchés.

Là, tous les grands animaux, le rhinocéros et surtout l'éléphant abondent.

Je voyais des troupeaux entiers d'éléphants s'ébattre dans la vase du lac, sortir de l'eau vers le soir, et regagner la forêt ou les hautes herbes. Difficiles sur le choix des aliments, ils recherchaient les arbres et les fruits à saveur douce et sucrée ; ils faisaient tomber avec adresse les fruits du grand palmier et les savouraient lentement les uns après les autres.

Les habitants des bords du lac, qui apprécient beaucoup leur viande et leur graisse encore plus que l'ivoire qu'ils fournissent, leur dressent des pièges à double compartiment, recouverts d'herbes et de joncs. Si l'animal tombe dans l'un des deux compartiments et essaye de se retirer avant d'avoir complètement consommé sa chute, il trouve, de l'autre côté, un abîme qui rend sa perte certaine.

Cependant, les naturels ne craignent pas de l'attaquer directement : La bande de chasseurs s'échelonne de loin en loin et forme un cercle qui enveloppe le formidable gibier ; elle fait entendre des sifflements aigus, des cris rauques, des chants bizarres, des sons d'instruments. Ce tintamarre épouvantable éveille l'attention de l'éléphant, qui dresse les oreilles et se met à marcher rapidement, en agitant sa trompe et en regardant de temps en temps autour de lui. Les chasseurs se rapprochent insensiblement ; et tous à la fois, quand ils ne sont plus qu'à une vingtaine de pas, ils lancent leurs javelines barbelées, qui vont hérisser la pauvre bête et la couvrir de sang.

L'animal blessé fuit d'abord d'un pas rapide ; puis, sa marche se ralentit par degrés sous l'influence de la colère et de l'exaspération qui le gagnent. Il fait tête aux assaillants, pousse un cri de rage, charge les chasseurs, qui savent éviter cette attaque prévue, en se dispersant et se jetant rapidement à droite et à gauche.

L'éléphant, étonné de ne plus apercevoir ses ennemis, s'arrête et reprend sa retraite. De nouveaux cris, un nouveau vacarme, le ramènent aux chasseurs qui l'ont entouré de nouveau, et qu'une seconde charge, vaine comme la première, disperse encore dans toutes les directions.

La rage alors est à son comble ; l'énorme bête, perdant son sang par vingt blessures, tente un nouvel assaut, s'épuise et tombe hors d'haleine.

Alors, de tous les buissons sortent les sauvages qui arrivent à la curée ; ils se précipitent, à coups de haches, sur l'animal qu'ils dépècent et dont ils se partagent les moindres morceaux.

XVIII

Le plus grand des singes

*Les régions de l'Ouest. — Le gorille. — Un nègre éventré.
— Un fusil tordu. — A la poursuite du gorille. — Un cri
diabolique. — Auprès du feu. — Face à face. — Une apparition infernale. — Terrible adversaire. — Les singes. —
Le chimpanzé. — Un animal intelligent. — Mort de douleur !...*

La même puissance instinctive qui me poussait vers le sud, il y a quelques mois, m'entraîne maintenant dans la direction du Nord.
C'est que là-bas, en Europe, par delà les
mers, c'est la patrie, c'est le berceau, c'est
la France !..

Les régions de l'ouest de l'Afrique ne sont
pas moins curieuses à visiter que celles de
l'est. Si, parfois, on rencontre des pays stériles, brûlés par les rayons ardents d'un soleil
de feu, le plus souvent une végétation puissante jette sur les collines et les montagnes
des voûtes de feuillages, des amphitéâtres de
verdure.

A la tête du règne végétal s'élève partout l'immense baobab : Son fruit, surnommé le *pain de singe*, nourrit des peuplades entiè. res de nègres qui, au lever du soleil, épient religieusement le réveil de ses fleurs fermées pendant la nuit.

Il pare d'immenses contrées de ses voûtes verdoyantes, et son tronc caverneux sert quelquefois de temple ou de salle d'assemblée à toute une tribu.

Les forêts renferment des cocotiers, des palmiers, des mangliers, des bananiers, diverses espèces de citroniers, d'orangers, de grenadiers. Le caroubier fournit une boisson agréable ; l'élaïs de la Guinée donne de l'huile et du beurre. Le muscadier et le cannellier croissent spontanément.

Aucune partie du monde ne nourrit plus d'éléphants, d'antilopes, de zébus, de singes ; le hideux mandrill, le chimpanzé, le pithèque, l'hamadryade, le macaque, le callitriche y abondent.

J'ai vu, dans le Gabon, un autre grand singe, le plus terrible de tous, et je n'ai pu réprimer mon effroi, en présence de cette monstrueuse caricature de l'homme.

Souvent confondus avec les chimpanzés, les *gorilles* vivent, en petites troupes, dans les vastes forêts de ce pays, où ils sont plus redoutés que le lion et le tigre. Rien ne peut résister à l'attaque de ces animaux, et l'homme qui se laisse surprendre est irrévocablement perdu. Le singe broie son adversaire, s'empare de son arme, la brise et revient au cadavre qu'il dévore.

Un nègre armé d'un fusil se trouve tout à coup en présence d'un gorille ; il l'ajuste, le tire, le blesse, mais ne le tue pas roide ; la bête pousse un rugissement terrible, fond sur son adversaire, l'éventre d'un seul coup de son énorme main, prend le fusil, le tord, l'aplatit entre ses puissantes mâchoires, met la crosse en petits morceaux, et se retire à l'approche du secours que les cris de la victime avaient attiré. Telle est la scène affreuse à laquelle j'ai assisté.

Lorsque le tigre menace sa famille, cet affreux homme des bois met ses petits en sûreté et revient attaquer son ennemi dont il triomphe toujours.

Laissons parler un de ces hardis explorateurs qui ont parcouru les forêts et les dé-

...rts et qui ont lutté corps à corps avec tous les monstres qu'ils recèlent (1).

« La petite troupe qui l'accompagnait manquait de vivres ; les hommes étaient exténués ; lui-même mourait de faim. Les nègres venaient de tuer un énorme serpent venimeux, qu'ils mangèrent avec avidité.

» Quand le serpent fut dévoré, dit-il, et que moi, le seul estomac vide de la société, j'eus mûrement réfléchi au désavantage d'avoir été élevé dans un pays policé, nous arrivâmes à un endroit où croissait une espèce de canne à sucre dégénérée ; j'avais hâte de prendre quelques tiges pour les goûter ; mais tout à coup mes hommes signalèrent un fait qui les jeta dans le plus grand trouble. Çà et là des cannes avaient été abattues, déracinées et brisées en plusieurs morceaux, que l'on voyait répandus à terre, après avoir été mâchés, Je reconnus les traces, toutes fraîches, d'un gorille, et je sentis mon cœur se gonfler de joie... En suivant ces traces, nous trouvâmes bientôt les empreintes du pied de l'animal si longtemps désiré... Mes hommes gardaient

(1) M. Du Chaillu.

le silence, comme des gens qui vont s'exposer à des dangers plus qu'ordinaires... Nous donnâmes un coup d'œil à nos armes, puis nous partîmes...

» J'avais entendu parler du terrible rugissement du gorille, de sa force prodigieuse et de son grand courage, lorsque, par malheur, on ne fait que le blesser, et je savais que nous allions attaquer un animal redoutable... Nous descendîmes la montagne, et près d'un gros tronc d'arbre mort, nous aperçûmes de nouvelles traces de la présence toute récente du gorille...

» Nous étions partagés en deux bandes et tous, le fusil à la main, prêts à faire feu ; nous avancions à travers des fourrés épais qui répandaient, même en plein jour, de l'obscurité sur tous les objets... Nous cheminions lentement au milieu de ces épaisses broussailles, n'osant presque respirer, de peur de trahir notre approche.

» Un de mes nègres prit par la droite du rocher, tandis que je suivais la gauche. Malheureusement, il élargit trop le cercle ; les animaux, qui étaient aux aguets, l'aperçurent. Tout à coup, j'entendis un cri étrange, discordant, à moitié humain, presque diabolique, et je distinguai quatre jeunes gorilles qui s'en-fuyaient dans l'épaisseur de la forêt. Nous fî-mes feu, mais sans succès... Hors d'état de les poursuivre, nous retournâmes lentement à notre camp... Je déclare que je sentis l'émo-tion d'un homme qui va commettre un meur-tre, quand je vis les gorilles. Ils ressemblaient d'une manière effrayante à des hommes velus. Leur tête inclinée, leur corps penché en avant, tout en eux avait l'apparence d'hommes qui fuient pour sauver leur vie...

» Pendant que nous étions couchés près du feu, le soir, avant d'aller dormir, on parla de l'aventure de la journée, et on en vint naturel-lement à raconter des histoires curieuses sur les gorilles. J'écoutais en silence une causerie qui ne s'adressait pas à moi, et j'eus ainsi le plaisir d'entendre de la bouche de ces gens-là des récits qu'un étranger n'aurait pu tirer d'eux en les questionnant.

Un des hommes rapporta l'histoire de deux femmes qui passaient dans la forêt et dont l'une fut saisie par un gorille et emportée en dépit des cris et des efforts de toutes deux. L'autre revint au village, tremblante de terreur et raconta l'aventure. Naturellement on crut la pauvre négresse perdue. Quelle fut donc la surprise générale, lorsqu'au bout de quelques jours celle-ci revint chez elle ! . . . . .

. . . .

» A plusieurs jours de là, et pendant un voyage au pays des Nègres-Faces, qui n'avaient jamais vu d'homme blanc, je fus enfin assez heureux pour me trouver face à face avec un gorille....

» Nous étions partis de grand matin, et nous nous trouvions dans les profondeurs les plus touffues et les moins abordables de la forêt. Tout à coup un de mes hommes pousse une sorte de petit gloussement, signal usité, chez les indigènes, pour appeler l'attention sur quelque chose d'imprévu ; en même temps, j'entendis devant nous comme un bruit de branchages que l'on cassait. C'était un gorille ! Ce singulier bruit de branches cassées continuait à se faire entendre. Nous marchions en observant le plus grand silence, et la contenance de mes hommes permettait de voir qu'ils se savaient engagés dans une entreprise des plus sérieuses ; nous poursuivîmes en avant, et enfin nous crûmes voir, à travers les épais massifs, osciller des branches que l'énorme bête était en train d'arracher pour cueillir des baies ou des fruits.

Nous rampions au milieu d'un silence tel, que notre respiration en ressortait distincte et bruyante, lorsque toute la forêt retentit du cri terrible du gorille ; les broussailles s'écartèrent des deux côtés, et, soudain, nous fûmes en présence d'un énorme mâle. Il avait traversé le fourré à quatre pattes ; mais, quand il nous aperçut, il se redressa et nous regarda hardiment en face. Il était à environ quinze pas de nous. C'est une apparition que je n'oublierai jamais. Il paraissait avoir près de six pieds ; son corps était immense, sa poitrine monstrueuse, ses bras, d'une incroyable énergie musculaire. Ses grands yeux gris et enfoncés brillaient d'un éclat sauvage, et sa face avait une expression diabolique : tel apparut devant nous ce roi des forêts de l'Afrique.

» Notre vue ne l'effraya pas. Il se tenait là, à la même place, et se battait la poitrine avec ses poings démesurés, qui la faisaient résonner comme un immense tambour : c'est leur manière de défier leur ennemi ; et, en même temps, il poussait d'énormes rugissements.

Ces rugissements donnent les sons les plus étranges et les plus effrayants qu'on puisse entendre dans ces forêts ; ils ressemblent à un grondement sourd qui imite le roulement lointain du tonnerre, et ils ont l'air de sortir moins de la bouche et de la gorge que des spacieuses cavités de la poitrine et du ventre... Ses yeux s'enflammaient, et nous restions immobiles et sur la défensive. Les poils ras du sommet de sa tête se hérissèrent et commencèrent à se mouvoir rapidement, tandis qu'il découvrait ses canines puissantes en poussant toujours de nouveaux rugissements. Il me rappelait alors ces visions de nos rêves, créations fantastiques, êtres hybrides, moitié hommes, moitié bêtes, dont l'imagination a peuplé les régions infernales. Il avança de quelques pas et s'arrêta de nouveau à six pas de nous ; et comme il recommençait à rugir en se battant la poitrine avec fureur, nous fîmes feu, et nous le tuâmes.

» Le râle qu'il fit entendre tenait à la fois de l'homme et de la bête. Il tomba la face contre terre. Le corps trembla convulsivement pendant quelques minutes, les membres s'agitèrent avec effort, puis tout devint immobile. J'eus tout le loisir alors d'examiner l'énorme cadavre. Il mesurait cinq pieds huit pouces anglais. »

Tous les singes ont une grande puissance musculaire, mais tous, fort heureusement, ne sont pas aussi terribles que le gorille. Beaucoup d'espèces s'apprivoisent facilement, et ces animaux sont remarquables par la facilité avec laquelle ils imitent tous les gestes de l'homme. Ils animent les forêts où ils vivent, mais ils sont d'incorrigibles maraudeurs, et souvent ils dévastent les plantations des naturels, qui sont impuissants à repousser leurs nombreux bataillons.

Toutes les bandes sont sous la conduite d'un chef qui veille à la sûreté commune et qui, en cas de danger, pousse un cri plein de terreur : C'est une série de sons courts, saccadés, tremblants, discordants, que les contractions de la figure rendent plus expressifs encore. Aussitôt les mères rappellent leurs petits qui s'attachent à elles ; et, chargées de leur précieux fardeau, elles gagnent au plus vite un lieu où toute la bande se réunit en sûreté.

Le *chimpanzé* est presque aussi grand que le gorille ; il est, de tous les singes, celui qui, par sa conformation, se rapproche le plus de l'homme ; mais il est d'un naturel fort doux et ne combat jamais que pour se défendre. Il vit en sécurité, et souvent, pendant la nuit, on entend retentir les cris de plusieurs troupes réunies pour aller piller un arbre, un champ ou un jardin. En cas d'alerte, le mâle chargé de la garde pousse un cri qui rappelle celui d'un homme en danger de mort.

Dans ces derniers temps, on a souvent amené en Europe des chimpanzés apprivoisés ; mais ils ne peuvent s'accommoder de notre climat, et ils meurent au bout de quelques mois.

On cite l'histoire d'un chimpanzé qui donnait des preuves d'une intelligence extraordinaire.

Captif sur un vaisseau qui devait le conduire en Amérique, cet animal avait appris à chauffer le four, et il s'acquittait de cet emploi avec une sagacité digne du meilleur garçon boulanger. Il veillait avec soin à ne pas faire tomber sur le sol des charbons brûlants qui auraient pu communiquer le feu, et il reconnaissait à merveille quand le four avait atteint le degré de chaleur nécessaire. Il allait alors avertir le boulanger, qui se fiait absolument à ce singulier collaborateur et ne surveillait jamais le feu.

Il savait aussi remplir toutes les fonctions d'un matelot émérite et remplissait ce devoir avec autant d'adresse que d'intelligence. Il savait hisser le câble de l'ancre, serrer les voiles, faire un nœud ; il travaillait si bien que les hommes du bord le considéraient comme un de leurs compagnons.

Un jour le pilote le maltraita avec la dernière rigueur sans tenir compte des prières qu'il semblait lui adresser ; il joignait les mains pour tâcher d'attendrir son persécuteur. Mais l'homme avait moins de cœur que la brute, et le langage si plein d'expression de l'intelligent animal ne fit que l'irriter davantage.

Le pauvre chimpanzé supporta patiemment ses mauvais traitements ; mais, à partir de ce moment, il refusa toute espèce de nourriture et, cinq jours après, il mourut de faim et de douleur.

Tout l'équipage pleura l'innocente victime, comme s'il se fût agi de la mort du meilleur matelot.

XIX

Les Perroquets

Perroquets et singes. — Mœurs et habitudes des perroquets. — Différentes variétés. — Le perroquet gris ou jaco; description. — Oiseaux savants. — Un polyglotte. — Histoire de Coco. — La bonté d'un perroquet. — Un père nourricier.

Les perroquets sont, parmi les oiseaux, ce que les singes sont parmi les animaux ; et, chose remarquable, partout où il se trouve des singes, on est sûr de rencontrer des perroquets.

Les forêts de l'ouest de l'Afrique n'échappent pas à cette loi ; elles sont remplies de ces curieux oiseaux, qui se plaisent à nicher dans les troncs caverneux des baobabs, qui les embellissent par la beauté de leur plumage et les animent par leurs cris étourdissants.

Le *perroquet* a toutes les facultés et tous les instincts du singe, mais il en a aussi toutes les qualités et tous les défauts ; il ne m'a pas été difficile de constater qu'il a de la prudence, de la ruse, du jugement ; il est fier et courageux, capricieux et inconstant.

La voix des perroquets est forte et criarde, mais très flexible et très expressive, et tous mes lecteurs savent comment ils parviennent à imiter la parole humaine.

Leur existence paraît liée à celle des forêts ; plus elles sont grandes, plus la végétation est luxuriante, plus aussi les perroquets sont communs ; et il est difficile de décrire le spectacle qu'offre leur livrée splendide lorsqu'elle se détache sur le sombre feuillage des grands arbres.

A la première lueur de l'éclatante aurore, ils s'éveillent, secouent leurs ailes mouillées par la rosée de la nuit, semblent s'exercer en se jouant et s'appelant à grands cris, font mille tours dans les arbres. C'est une espèce de conseil matinal, après lequel ils s'envolent pour chercher leur nourriture. Vers midi, ils se baignent et, pendant la plus forte chaleur, ils se cachent à l'ombre du feuillage.

Lorsque les perroquets habitent le voisinage de pays cultivés, les dégâts qu'ils causent sont immenses ; ils s'accommodent facilement d'un fruit succulent ou d'une graine de peu de dimension. Comme les singes, ils détruisent et gaspillent plus encore qu'ils ne mangent ; ils goûtent tous les fruits, rejettent tous ceux qui ne sont pas à leur convenance, dévorent les autres, et vont ensuite s'abreuver et se baigner.

Je rencontrais sans cesse de nombreuses variétés de ces oiseaux : J'étais émerveillée de la grâce des jolis *psittacules*, mignons perroquets nains, pas plus gros que des moineaux ; j'admirais la richesse du plumage des *perroquets à longue queue*, et l'élégance des *paléornis* ou *perruches à queue en flèche*.

Mais celui qui parmi tous les autres doit occuper la première place est le *perroquet cendré*, connu sous le nom de *perroquet gris*, *perroquet à queue rouge*, et, plus familièrement, sous celui de *jaco*.

On peut le considérer comme le type du genre, et s'il n'est ni le plus rapide au vol, ni le plus élégamment coloré, il est celui chez lequel toutes les facultés sont le mieux et le plus uniformément développées.

Cet oiseau a la queue d'un beau rouge de sang, et toutes les autres plumes, d'un gris cendré ou gris bleu, sont bordées d'un liseré plus clair. Ce liseré, plus accentué sur la tête et sur le cou, fait paraître ces parties moins foncées que le reste du corps.

C'est l'espèce que l'on voit le plus souvent en Europe ; et il n'y a peut-être pas un navire arrivant des côtes occidentales de l'Afrique qui n'en ait quelques-uns à son bord.

Introduit à Madagascar et dans les îles voisines, il s'y est parfaitement acclimaté ; il s'est tellement multiplié dans les îles Maurice et Bourbon que l'on a dû, pour se débarrasser de ses ravages, organiser de grandes battues.

En captivité, c'est l'oiseau le plus remarquable par sa douceur, son intelligence et son attachement à son maître.

Voici comment Levaillant parle de l'un de ces oiseaux :

« *Carl* parlait aussi bien que Cicéron. Je pourrais remplir tout un livre des discours qu'il prononçait, et qu'il me répéta sans oublier une syllabe. Obéissant au commandement, il apportait le bonnet de nuit et les pantoufles de son maître, appelait la servante quand on avait besoin d'elle. Sa résidence

favorite était la boutique, où il était très utile.
Quelqu'un rentrait-il en l'absence de son maître, il criait jusqu'à ce que l'on arrivât. Il avait
une excellente mémoire, et savait des phrases tout entières de hollandais. Ce ne fut qu'a-
près soixante ans de captivité, que sa mémoire
commença à baisser, et, chaque jour, il oubliait
quelque chose de ce qu'il savait. Il ne disait
plus que la moitié d'une phrase, transposait
les mots, mêlait les phrases les unes avec les
autres. »

Une jeune dame raconte ainsi l'histoire de
son perroquet :

« Il parlait beaucoup, mais en hollandais.
Bientôt, il apprit l'allemand et le français. Il
parlait ces trois langues très distinctement ; il
était très attentif et disait souvent des phrases qu'on ne lui avait point enseignées.

» En hollandais, il prononçait des mots et
des phrases entières ; dans une phrase alle-
mande, il intercalait parfois un mot hollandais,
mais toujours à propos, et parce qu'il ne trouvait pas ou ne savait pas le mot allemand.
Il questionnait et répondait, demandait, re-
merciait ; il parlait en parfaite connaissance
du temps, des lieux, des personnes.

« Coco veut faire glouglou (boire)... Coco veut avoir à manger. » Si on ne lui donnait pas aussitôt : « Coco veut et doit avoir à manger. » Etait-on sourd encore, il renversait tout, pour exhaler sa colère.

» Il saluait les gens, le matin, avec *bonjour* ; le soir, avec *bonsoir* ; il demandait à se reposer, prenait congé : « Coco veut aller dormir. » L'emportait-on, il répétait plusieurs fois : « Bonsoir, bonsoir. »

« Il était très attaché à sa maîtresse. Quand elle lui donnait à manger, il appuyait fortement son bec contre sa main, comme pour la baiser et disait : « Baise la main de madame. » Il prenait une vive part à tout ce qu'elle faisait, et souvent, quand elle était occupée à quelque chose, il demandait avec une expression des plus comiques : « Que fait donc madame ? » Lorsqu'elle mourut, il devint triste. On eut de la peine à le nourrir. Souvent, il réveillait les chagrins des parents, en s'écriant : « Où est donc madame ? »

« Il sifflait très bien, et chantait parfaitement. « *Coco* va chanter quelque chose, disait-il, puis il commençait :

« Perroquet mignon,
« Dis-moi sans façon :
« Qu'a-t-on fait dans ma maison
« Pendant mon absence ? » etc...

« Coco, comment parle Charlotte ? » se demandait-il, puis il faisait la réponse : « O beau *Coco*, ô joli *Coco*, viens, donne un beau baiser. » Et il le disait avec l'expression même de Charlotte. Il témoignait, par ces paroles, son contentement de lui-même : « Ah ! ah ! comme il est beau *Coco*, » et il se passait la patte sur le bec.

» Il était cependant bien loin d'être beau, car il avait le défaut de s'arracher les plumes. On lui ordonna comme remède des bains de vin, qu'on lui donnait avec un petit arrosoir. Cela lui était fort désagréable, et quand il en voyait les préparatifs, il disait, avec des larmes dans la voix : « Pas mouiller *Coco* ; ah ! pauvre *Coco*, pas le mouiller. »

» Il n'aimait pas les étrangers, et ceux qui venaient exprès pour l'entendre parler, n'arrivaient à satisfaire leur désir qu'en se cachant. En leur présence, il restait silencieux ; mais, dès qu'ils avaient disparu, il n'en babillait que de plus belle, comme pour se dédommager.

On pouvait cependant conquérir son amitié :
il parlait avec les personnes qu'il voyait souvent, plaisantait même à sa manière. Un vieux
major, qu'il connaissait à merveille, voulut, un
jour, lui apprendre des tours d'adresse :

» Monte sur le perchoir, *Coco*, sur le perchoir, » ordonna-t-il. *Coco* resta stupéfait ;
mais tout à coup, poussant un éclat de rire, il
s'écria : « Major, sur le perchoir, allons, major ! »

» Un autre de ses amis, du nom de Roth,
n'était pas venu de longtemps. On en parlait,
on disait que l'on attendait sa visite, quand :
« Voici Roth ! » s'écria tout à coup le perroquet ; il avait regardé par la fenêtre, et l'avait
reconnu de loin.

» Georges, le fils de la maison, avait fait
une absence. On l'attendait, on parlait de son
retour. Il n'arriva que le soir, tard. *Coco* était
endormi dans sa cage. Après les premiers em-
brassements, Georges s'approcha de la cage,
leva le tapis qui la recouvrait. « Ah ! tu es
là, Georges ? C'est bien, c'est très bien, » dit
le perroquet.

» Il avait remarqué que son maître appelait souvent, de la fenêtre, l'intendant ou le

fermier. Chaque fois qu'il les voyait s'approcher, il les appelait tous les deux, ne sachant auquel son maître avait affaire.

» Je n'en finirais pas, si je voulais raconter tous ses traits d'esprit : c'était presque un homme.

« Il eut une triste fin. Un vieil ami de la famille était tombé en enfance, et avait pris pour ce perroquet une affection enfantine ; on le lui donna. Tous pleuraient quand on l'emporta. *Coco* seul ne pleurait pas ; mais il ne put supporter l'absence, et mourut au bout de quelques jours. » (1)

De tous les récits qui concernent le perroquet gris, je préfère le suivant, qui indique jusqu'où peut aller la bonté de cet intelligent oiseau :

« Un de mes amis, raconte Wood, avait un perroquet gris, qui était devenu le parent le plus tendre pour les crétures délaissées.

» Dans le jardin de son maître était un bouquet de rosiers, entouré d'une palissade et entremêlé de plantes grimpantes. Un cou-

(1) Brehm.

ple de pinsons y avait fait son nid, et les gens de la maison les nourrissaient.

» Ce manège n'échappa pas à *Polly* (c'était le nom du perroquet) ; il résolut de suivre ce bon exemple. Comme il était libre, il quitta sa cage, imita à s'y méprendre le cri d'appel du pinson, et se mit à remplir le bec des jeunes de nourriture.

» Mais ces témoignages d'amitié étaient trop bruyants pour les parents. Effrayés par ce grand oiseau qu'ils ne connaissaient pas, ils disparurent, abandonnant leur progéniture aux tendres soins de *Polly*.

» Celui-ci rentra moins souvent dans sa cage ; il restait jour et nuit auprès de ses enfants adoptifs, et eut la joie de les élever.

» Une fois qu'ils purent voler, ils se perchaient sur la tête et le cou de leur père nourricier, qui se promenait gravement, tout fier de cette charge.

Ses soins cependant furent payés de bien peu de reconnaissance. Lorsque leurs ailes furent assez fortes, les pinsons s'envolèrent et disparurent.

» Le pauvre *Polly* en fut tout triste, mais bientôt il se consola ; il avait trouvé de jeunes fauvettes orphelines ; il s'en chargea, les apporta l'une après l'autre dans sa cage, et vécut avec elles en fort bonne harmonie. »

XX

Le Boa

Quelques mots sur les serpents. — Exagérations. — Le serpent de Régulus. — Le serpent de Ptolémée. — Une capture difficile. — Singulière méprise. — Serpent et tigre. — Un drame dans les herbes. — Les monarques africains. — Du sang. — Horribles coutumes.

C'est dans les steppes immenses couvertes de cette herbe de Guinée, haute de plus de trois mètres, que l'énorme *boa* ou *serpent devin*, se retire en compagnie de nombreux troupeaux d'éléphants et de sangliers monstrueux. C'est dans ces déserts brûlants qu'il exerce une domination moins troublée et parvient quelquefois à une longueur considérable.

Je ne suis qu'un faible oiseau, et, comme tous ceux de mon espèce, j'ai horreur des reptiles ; je ne crois cependant pas à leur pouvoir

enchanteur ; je n'ai jamais vu d'oiseaux ou
d'écureuils fascinés par leur regard, descendre
des plus hautes branches d'un arbre pour s'introduire d'eux-mêmes dans leur gueule large-
ment ouverte.

Je ne crois pas davantage aux récits am-
plifiés des voyageurs qui ont parcouru l'Afrique, en ce qui concerne la taille des serpents.
L'imagination, vivement surexcitée à l'aspect
d'une vision effrayante est toujours disposée à
en exagérer les proportions.

Après avoir fait ces réserves, je veux bien
vous raconter quelques-unes de ces histoires
épouvantables de serpents que vous saurez
réduire à leurs justes proportions

Je ne veux pas m'arrêter à la fable du serpent de Norwège qui avait plus de deux cents
pieds de longueur et vingt pieds de circonférence !...

C'était sans doute un boa, que cet énorme
serpent qui arrêta autrefois l'armée romaine,
près du fleuve de Begrada, entre Utique et
Carthage et que Régulus vainquit à l'aide de
ses troupes.

Cet animal redoutable, pressé par la faim,
se jetait sur les soldats qui s'approchaient de

la rivière pour y puiser de l'eau, les écrasait du poids de son corps, les étouffait de ses replis tortueux, ou les faisait périr par son souffle empoisonné. Les dures écailles de sa peau le rendaient impénétrable à tous les traits qu'on lui lançait ; il fallut dresser contre lui des machines de guerre et l'attaquer comme une citadelle. Enfin, après bien des coups inutiles, une pierre d'une grosseur énorme, vigoureusement poussée par une puissante machine, lui brisa l'épine dorsale et l'arrêta dans sa course. On eut bien de la peine à l'achever, tant les soldats craignaient d'aborder un ennemi encore formidable, même aux approches de la mort. Régulus envoya à Rome sa peau, qui était longue de cent vingt pieds !...

A quelle espèce appartenait-il, ce serpent long de trente coudées qui fut capturé en Egypte, sous le règne de Ptolémée?...

Plusieurs chasseurs, encouragés par la munificence du roi, résolurent de lui amener à Alexandrie un des plus grands serpents qu'on pût trouver. Ce monstre vivait sur le bord des eaux ; il y demeurait ordinairement immobile, couché à terre et replié en cercle ; mais lorsqu'il voyait approcher quelque animal, il se jetait sur lui avec impétuosité, le saisissait avec ses dents, ou l'enveloppait dans les replis de sa queue.

Les chasseurs l'ayant aperçu de loin, imaginèrent qu'ils pourraient aisément le prendre dans des lacs et l'entourer de chaînes. Ils s'avancèrent donc avec courage; mais lorsqu'ils furent plus près de ce serpent extraordinaire, le feu qui sortait de ses yeux, son dos hérissé d'écailles, le bruit qu'il faisait en s'agitant, sa gueule ouverte et armée de longues dents crochues, son regard horrible et féroce les glacèrent d'effroi. Ils osèrent cependant avancer pas à pas et jeter de fort liens sur sa queue ; mais à peine ces liens eurent-ils touché le corps de l'animal, que se retournant avec fureur, et faisant entendre des sifflements aigus, il dévora le chasseur qui se trouvait le plus près de lui, en tua un second d'un coup de sa queue et mit les autres en fuite. Ces derniers ne voulant pas cependant renoncer à la récompense promise, et imaginant un nouveau moyen, firent faire un retz composé de cordes très-grosses et dont les dimensions étaient proportionnées à la grosseur et à la grandeur de l'animal. Ils le placèrent auprès de sa caverne, et, ayant bien observé le moment de sa sortie et de sa rentrée, ils profitèrent du temps ou l'animal était allé chercher sa proie pour boucher avec des pierres l'entrée de son repaire.

Lorsque le serpent revint, ils se montrèrent tous à la fois avec des auxiliaires armés d'arcs et de frondes ; d'autres étaient à cheval et faisaient résonner des trompettes et d'autres instruments retentissants.

Le serpent, se voyant entouré de cette multitude, se redressait, et par ses horribles sifflements répandait la terreur autour de lui. Effrayé lui-même par les dards qu'on lui lançait, la vue des chevaux, les aboiements des chiens, le bruit aigu des trompettes, il se précipite vers l'entrée ordinaire de sa caverne. La trouvant fermée et toujours troublé de plus en plus par le bruit des trompettes, des chiens et des chasseurs, il se jeta dans le retz, où il fit entendre des rugissements de rage. Néanmoins, tous ses efforts furent vains, et sa force cédant à tous les coups dont on l'assaillit, et à toutes les chaînes dont on le lia, il fut conduit à Alexandrie, où une longue diète apaisa sa férocité !... (1)

(1) D'après Diodore de Sicile.

Qu'était-ce que cette *couleuvre*, sur laquelle dix-huit Espagnols fatigués s'assirent, la prenant pour un vieux tronc d'arbre abattu, et ne reconnurent leur méprise que lorsque l'animal se mit à ramper?...

Des voyageurs prétendent que les boas attaquent les chevreuils, les daims, les taureaux et même les animaux les plus féroces.

C'est sur le bord des fleuves qui arrosent les plaines équatoriales, dans un moment surtout où la chaleur est devenue plus ardente par l'approche d'un orage, et où l'action du fluide électrique répandu dans l'atmosphère donne une nouvelle activité aux reptiles ; c'est dans ce moment que, dévorés par une soif extrême, animés par toute l'ardeur d'un sable brûlant, à la lueur des éclairs, au son bruyant du tonnerre, le serpent et le tigre se disputent un empire souvent ensanglanté.

Les prétendus témoins d'un de ces combats terribles, disent avoir vu un tigre furieux s'élancer tout à coup sur un serpent d'une taille monstrueuse, qui, mugissant de douleur et de rage, serrait à son tour son adversaire dans ses contours multipliés, l'étouffait sous son poids, et brisait ses os entre ses mâchoires redoutables. Le quadrupède eut beau déployer contre son ennemi la force de ses dents, le tranchant de ses griffes, toutes ces armes furent impuissantes ; il expira au milieu des replis de l'énorme serpent qui le tenait enchaîné.

Mais voilà bien des préliminaires, pour arriver au récit de l'aventure dont j'ai été témoin :

Perchée sur la plus haute branche d'un adansonia, je vis une espèce de longue et grosse poutre s'avançant avec vitesse à travers les hautes herbes et les broussailles de la steppe qui s'inclinaient sur son passage. C'était un énorme serpent laissant derrière lui le sillon que traçaient les diverses ondulations de son corps. Des antilopes fuyaient, effrayées, dans toutes les directions, pour se soustraire aux atteintes de ce redoutable ennemi.

Arrivé au-dessous de l'arbre sur lequel je m'étais reposée, le serpent se roula avec promptitude autour du tronc ; et je me disposais à fuir lorsque je l'aperçus entortillant sa queue autour d'une des basses branches, et balançant son corps suspendu à cet anneau d'un nouveau genre. Ce n'était pas à moi qu'en voulait le serpent : Qu'aurait-il fait d'une aussi mince proie? Il demeura longtemps en embuscade attendant assurément une victime qui tardait à venir. J'allais quitter mon poste d'observation lorsque j'aperçus plusieurs antilopes qui, croyant tout danger disparu, marchaient avec précaution dans la direction de l'arbre. Lorsqu'elles furent au-dessous de la branche qui servait de point d'appui au serpent, celui-ci s'élança comme un trait sur une des antilopes, l'enveloppa dans ses contours, l'enserra avec force, fit craquer ses os et l'eut bientôt réduite à l'impuissance. Il continua à presser l'inoffensif animal déjà étouffé, il en écrasa les parties les plus compactes, l'entraîna en se roulant avec lui, auprès de l'adansonia dont il renferma le tronc dans ses replis, les environna l'un et l'autre de ses nœuds vigoureux et parvint à comprimer et, en quelque sorte, à moudre l'antilope qu'il venait d'immoler.

Lorsqu'il eut ainsi donné à sa proie toute la souplesse nécessaire, il l'étendit sur l'herbe, l'imbiba de sa salive et se mit en devoir de l'avaler!...

Je m'éloignai avec horreur, remerciant une

fois de plus la Providence de m'avoir donné
des ailes. . . . .

. . . .

Cruels et dangereux sont les lions et les tigres, les rhinocéros et les grands singes, les
serpents et les crocodiles de l'Afrique, mais
plus cruels et plus dangereux encore sont les
rois et les chefs de tribu qui gouvernent les
peuplades abruties dont la plupart ne sont que
des troupeaux d'esclaves.

Souvent perchée sur le faîte de la case
royale, j'ai entendu les vociférations du chef
et de ses ministres, et les gémissements des
victimes.

Voici, entre la Sénégambie et la Guinée, les
Sousous ou Foulahs, dont la capitale est Tum-
bo, et dont l'organisation politique est une
sorte de confédération républicaine.

Ils ont pour voisins les Papels, chez lesquels
le choix du monarque se fait de la façon la
plus singulière. Des cris et des lamentations
m'avaient appris que le roi venait de mourir.
Lorsqu'il fut enseveli, les grands du royaume
se rangèrent autour de sa bière, dont s'empa-
rèrent quelques nègres des plus robustes. Un
grand acte allait s'accomplir.... Le cercueil,

un instant balancé, fut lancé en l'air ; il retomba sur la tête d'un des seigneurs, qui fut renversé du coup ; mais qui ne fut pas complètement écrasé. Le malheureux qui venait de résister à ce choc terrible fut acclamé le successeur au trône du monarque défunt. Les habitants de Benin vénèrent leur roi comme un demi-dieu ; ce despote est censé vivre sans nourriture ; sa mort n'est qu'une apparence, car il ne tarde pas à ressusciter sous une autre forme. A certaines fêtes, il plante une racine dans un pot de terre, à la vue du peuple tout entier ; un instant après, à la suite d'un adroit escamotage, on présente à la foule un autre pot avec une racine qui a poussé des jets.

Ce miracle, accueilli par les cris de joie de la multitude, est un indice certain que la récolte sera abondante.

Mais il faut aussi se rendre propices les mauvais esprits, et les sacrifices humains seuls ont ce pouvoir.

Les victimes, immolées au bruit des chants épouvantables du peuple entier, montrent une indifférence stupide : Ce sont, pour la plupart, des prisonniers de guerre.

A la fête des coraux, le roi et tous les

grands trempent leurs colliers de corail dans le sang humain, en priant les dieux de ne jamais les priver de cette marque de leur haute dignité.

Ici, sur la Côte des Esclaves, c'est le royaume de Dahomey, dont le chef puissant peut réunir une armée de huit mille hommes.

Le palais du roi, qui n'est autre chose qu'une chaumière entourée de murs de terre, est gardé par une troupe de mille négresses armées de fusils et de flèches.

Les ministres qui sont mandés par le farouche monarque déposent leurs vêtements de soie à la porte du palais ; ils n'approchent du trône qu'en rampant et en roulant leur tête dans la poussière. La férocité du maître surpasse tout ce que l'imagination peut concevoir ; le chemin de la cabane royale est semé de crânes humains, les murs sont ornés de mâchoires qui y sont incrustées.

Dans les grandes cérémonies, le roi marche sur les têtes sanglantes de ses ennemis vaincus, ou de ses ministres disgraciés. A la fête des tribus, tous ses sujets apportent leurs dons, et il arrose de sang humain le tombeau de ses ancêtres : cinquante cadavres sont jetés autour de la sépulture royale, et tout autour on compte autant de têtes plantées sur des pieux.

Le sang de ces victimes, soigneusement recueilli, est présenté au roi qui y trempe le bout d'un doigt et le lèche ensuite.

Ce sang est mêlé à l'argile destinée à construire des temples en l'honneur des monarques défunts.

Les veuves royales se précipitent les unes sur les autres, s'entretuent, se déchirent, jusqu'à ce qu'il plaise au nouveau souverain de mettre un terme à ce massacre.

Le peuple manifeste, par des hurlements, la satisfaction la plus vive ; au milieu d'une fête joyeuse, il applaudit à ces scènes d'horreur et aide à déchirer les victimes.

XXI

Le retour

*Au Sénégal. — Tanger. — Gibraltar. — L'Espagne. — Le ros-
signol salue notre arrivée. — Grenade. — Cordoue. — Tolède. — Madrid. — L'Aragon. — Les Pyrénées. —Saines
et sauves. — Le retour au pays. — Doux souvenirs. — Un
sanglot.*

J'ai hâte de m'éloigner de ces scènes d'horreur. Près de cinq mois se sont écoulés depuis
notre départ ; c'est bientôt l'époque du printemps de France ; chaque jour je rencontre
quelques-unes de mes compagnes qui se préparent au retour.

Je franchis à tire d'aile les contrées ferti-
les et malsaines, les épaisses forêts de la
Sénégambie. Je m'arrête à Saint-Louis du Sénégal, où flotte le drapeau français ; mais
la colonie est en deuil, la fièvre jaune sévit
et vient de faire de nombreuses victimes. Ils
ne se doutent pas, mes compatriotes agoni-
sants, qu'une pauvre hirondelle de France se

repose sur le toit de leur demeure et fait des vœux pour la cessation du terrible fléau. Elle voudrait pouvoir dire, dans sa chanson du retour, à ceux qu'elle reverra bientôt au pays : « Tous vos enfants se portent bien ! »...

C'est maintenant l'immense désert, sans eau et sans verdure ; c'est le cap Blanc, le cap Bajador, le cap Noun, le Maroc, et Tanger point extrême, dernière station de mon voyage en Afrique.

» Mais que de jours, que de peines, que de fatigues il faudrait à un voyageur pour se rendre, par terre, de Saint-Louis à Tanger !!...

Tanger est bâtie sur une hauteur près de la baie du même nom, qui forme l'entrée occidentale du détroit de Gibraltar. Son grand château délabré porte encore les traces du bombardement que les Français se virent dans l'obligation de lui faire subir, le 6 août 1844.

Quinze kilomètres seulement séparent les colonnes d'Hercule et Gibraltar ; d'un coup d'aile, je traverse le détroit et je suis en Europe, à la pointe sud de l'Espagne et je me repose sur ce fameux rocher qui appartient à l'Angleterre

Gibraltar est une des places les plus fortes de l'univers. Les flancs du rocher sur lequel elle est située offrent de profondes cavernes qui sont autant d'arsenaux à l'épreuve du canon. C'est la clef de la Méditerranée, et elle sert d'entrepôt pour une infinité de marchandises d'Amérique et d'Orient.

L'Espagne est couverte de nombreuses montagnes ; ses fleuves sont : l'Ebre, le Guadalaviar, le Jucar et la Segura, qui se jettent dans la Méditerranée ; le Guadalquivir, la Guadiana, le Tage, le Douro, le Minho, qui versent leurs eaux dans l'Océan Atlantique, après avoir reçu un grand nombre d'affluents.

Le climat chaud et varié permet aux productions de la zone tempérée de se confondre avec celles des tropiques ; de belles vallées, bien arrosées, de gras pâturages, de riches vignobles seraient des éléments de prospérité pour un peuple plus laborieux.

Les orangers, les citronniers, des lauriers gigantesques, le palmier nain, la canne à sucre, le cactus à cochenille, le cotonnier, croissent abondamment dans toute la région du midi.

Le rossignol semble saluer notre retour : De tous côtés retentit son chant harmonieux aux variations douces, joyeuses ou plaintives. Chaque buisson abrite un couple de ces oiseaux : la Sierra-Nevada, la Sierra-Morena, l'Andalousie tout entière est comme un immense jardin peuplé de rossignols.

Voici Grenade avec ses hautes murailles en ruines dont, autrefois, plus de mille tours défendaient l'approche ; elle est encore remarquable par ses maisons richement décorées, ses nombreuses fontaines, ses jardins délicieux, ses édifices magnifiques, parmi lesquels l'Alhambra, monument admirable de l'architecture mauresque, qui servit de forteresse et de palais aux rois musulmans.

Cordoue, capitale de l'ancien royaume du même nom, a compté, sous la domination mauresque, un million d'habitants et n'en renferme aujourd'hui que cinquante-cinq mille ; elle possède aussi de nombreux et splendides jardins et une grande mosquée construite par les Maures, et dont les chrétiens ont fait une église. On pénètre, par dix-neuf portes, dans ce vaste édifice, orné à l'intérieur de plus de quatre cents colonnes.

Je franchis la Sierra-Morena et, volant droit au Nord, je viens me reposer sur la cathédrale de Tolède, qui fut longtemps la plus vaste mosquée des enfants de Mahomet.

Bâtie sur un rocher qui s'élève au bord du Tage, Tolède est, à distance, d'un assez bel aspect ; mais, ses maisons basses et mal bâties, ses rues étroites et malpropres amènent bientôt le désenchantement. L'Alcazar, ancien palais des rois maures, dans la cour intérieure duquel Charles-Quint fit construire une colonnade en granit justement admirée, est un de ses principaux monuments.

Remontant le cours du Tage, puis celui de la Jarama, j'atteignis le Mançanarez et je fus bientôt à Madrid, capitale de l'Espagne. C'est une grande et belle ville dont les rues, les places et les palais forment un ensemble majestueux. Je fus accueillie, sur la place du Soleil, par les cris joyeux d'un grand nombre de mes compagnes qui, comme moi, préparaient leur retour.

Le lendemain, après avoir traversé l'Aragon, j'arrivai au pied du Mont-Perdu ; nous n'étions plus séparées de la France que par la barrière des Pyrénées.

« Une muraille de granit, couronnée de neige, se creuse devant nous en cirque gigan-

tesque. Ce cirque a douze cents pieds de haut,
près d'une lieue de tour, trois étages de murs
perpendiculaires, et sur chaque étage des milliers de gradins. La vallée finit là ; le mur est
d'un seul bloc, inexpugnable. Les autres
sommets crouleraient que ses assises massives ne remuraient pas. L'esprit est accablé
par l'idée d'une stabilité inébranlable et d'une
éternité assurée. Là est la borne de deux
contrées et de deux races ; c'est elle que Roland voulut rompre, lorsque d'un coup d'épée
il ouvrit une brèche à la cime. Mais l'immense
blessure disparaît dans l'énormité du mur invaincu. Trois nappes de neige s'étalent sur les
trois étages d'assises. Le soleil tombe de toute
sa force sur cette robe virginale, sans pouvoir
la faire resplendir. Elle garde sa blancheur
mate. Tout ce grandiose est austère ; l'air
glacé sous les rayons du midi ; de grandes
ombres humides rampent au pied des murailles. C'est l'hiver et la nudité du désert. Les
seuls habitants sont les cascades assemblées
pour former le Gave. Les filets d'eau arrivent
par milliers de la plus haute assise, bondissant
de gradin en gradin, croisent leurs raies d'écume, serpentent, s'unissent et tombent par

douze ruisseaux qui glissent de la dernière assise en traînées floconneuses pour se perdre
dans les glaciers du sol. La treizième cas-
cade, sur la gauche, a 2,268 pieds de haut.
Elle tombe lentement, comme un nuage qui
descend, ou comme un voile de mousseline
qu'on déploie ; l'air adoucit sa chute, l'œil suit
avec complaisance la gracieuse ondulation du
beau voile aérien. Elle glisse le long du rocher
et semble plutôt flotter que couler. Le soleil
luit, à travers son panache, de l'éclat le plus
doux et le plus aimable. Elle arrive en bas
comme un bouquet de plumes fines et on-
doyantes, et rejaillit en poussière d'argent ; la
fraîche et transparente vapeur se balance autour de la pierre trempée, et sa traînée re-
bondit, monte légèrement le long des assises.
L'air est immobile ; nul bruit, nul être vivant
dans cette solitude. On n'entend que le mur-
mure monotone des cascades, semblable au
bruissement des feuilles que le vent froisse
dans la forêt. ». . . . .

. . . .

« A mesure que nous nous élevons, les
vallées se rétrécissent et s'effacent, les mon-

tagnes grises s'élargissent et s'étalent dans leur énormité. Tout d'un coup, sous le soleil ardent, la perspective se brouille ; nous sentons l'attouchement froid, humide de je ne sais quel être invisible. Un instant après, l'air s'éclaircit et nous apercevons derrière nous le dos blanc, arrondi, d'un beau nuage qui s'éloigne et dont l'ombre glisse légèrement sur la pente. Bientôt l'herbe utile disparaît, des mousses roussies, des milliers de rhododendrons revêtent les escarpements stériles ; la route se dégrade sous l'effort des sources perdues ; elle s'encombre de pierres roulées. . . . .

. . . .

« Tout ce qui est humain disparaît ; villages, enclos, cultures, on dirait des ouvrages de fourmis.

« J'ai deux vallées sous les yeux, qui semblent deux petites bandes de terre dans un entonnoir bleu. Les seuls êtres ici sont les montagnes. Les routes et les travaux des hommes y ont égratigné un point imperceptible ; nous sommes des mites, qui gîtons entre deux réveils, sous un des poils d'un éléphant. La civilisation est un joli jouet en miniature, dont la nature un instant s'amuse et que tout à l'heure elle va briser. On n'aperçoit qu'un peuple de montagnes assises sous la coupole embrasée du ciel. Elles sont rangées en amphitéâtre, comme un conseil d'êtres immobiles et éternels. Toutes les réflexions tombent sous la sensation de l'immense : Croupes monstrueuses qui s'étalent, gigantesques échines osseuses, flancs labourés qui descendent à pic jusqu'en des fonds qu'on ne voit pas. On est là comme dans une barque au milieu de la mer. Les chaînes se heurtent comme des vagues. Les arêtes sont tranchantes et dentelées comme les crêtes des flots soulevés ; ils arrivent de tous côtés, ils se croisent, ils s'entassent, hérissés, innombrables, et la houle de granit monte haut dans le ciel, aux quatre coins de l'horizon. » (1)

Nous passions silencieuses au-dessus des masses sombres ; les neiges qui les couronnaient ressemblaient à des draperies funèbres jetées sur de gigantesques monuments. Là, comme dans les Alpes, nous étions environ-

(1) Taine.

nées de puissants ennemis : Aigles et faucons, cachés dans les anfractuosités des rocs, guettaient leurs proies. Cependant la puissante barrière fut franchie sans encombre : Nous étions en France ! . . . .

. . . .

Deux jours plus tard, j'étais revenue sur les bords de la Vienne, et perchée sur le faîte du hangar, avec quelques-unes de mes compagnes, je me réchauffais au soleil d'avril.

Enfants et vieillards semblaient nous contempler avec bonheur : Notre retour, en effet, c'était le printemps, avec son cortège de fleurs ; c'étaient des jours plus beaux et une température clémente. J'aperçus mon jeune ami, celui qui m'avait sauvé de la griffe du chat, celui qui, la tête à la lucarne de la grande maison, assistait à notre départ ; mais il me sembla qu'un voile de tristesse était répandu sur ses traits ; il me regardait avec une émotion mal contenue ; une larme perlait au bord de ses paupières.

Je m'élançai dans la direction de la Vienne : Les peupliers embaumaient l'air ; les saules laissaient flotter leurs chatons fleuris ; partout les arbres commençaient à épanouir leurs feuilles et leurs fleurs. Je vins me reposer sur la branche d'un vieil arbre où j'avais souvent gazouillé avec mes sœurs. J'aspirais cet air pur imprégné d'une senteur pénétrante, plus suave que la brise embaumée des tropiques, parce que c'est l'odeur du pays !!...

J'aurais voulu tout revoir en même temps, je planai sur la Vienne, je glissai sous les arcades du pont, bientôt je folâtrai avec mes amies autour des murailles du vieux château.

Il y avait toujours là de nombreuses crécerelles ; mais, maintenant, j'étais prudente et aguerrie, j'avais affronté tant de dangers !

Je revins vers la vieille église, et en passant au-dessus du cimetière, il me sembla entendre le bruit d'un sanglot.

Une nouvelle tombe était ouverte sous les grands noyers ; une femme agenouillée pleurait la mort de son mari : Je reconnus la mère de l'ami dont j'avais remarqué la tristesse.

Appuyée sur une branche, je me mis à gazouiller un chant plein de mélancolie : Le regard de la pauvre veuve se porta vers moi avec une expression de douceur et de recon-

naissance. Il me sembla que j'avais apporté
une consolation à cette pauvre mère et fait
naître en son cœur un rayon d'espérance.

Mon long voyage et mon heureux retour lui
disaient éloquemment que la séparation ne
saurait être éternelle !!...

FIN

TABLE DES CHAPITRES

Limoges. — Imp. Marc BARBOU et Cie.